SCHOTTLAND

Andreas Hülsmann

Herausgegeben von
Sylva Harasim und Martin Schempp
in Zusammenarbeit mit RUKKA

Die Motorradreisebücher im
HIGHLIGHTSVERLAG

Inhalt

Land der 60 Seen

Im Nordwesten Englands gelegen, bildet der Lake District eine Art Tor nach Schottland. In dieser Bilderbuchlandschaft findet der Naturliebhaber geheimnisvolle Moore, tiefe Seen und karge Berge.

*G*anz egal ob man nun mit der Fähre im nordenglischen Newcastle anlegt und von dort aus Schottland ins Visier nimmt, oder ob man auf dem Weg nach Schottland England per Achse durchquert – wer nicht einen Abstecher in den Lake District unternimmt, der hat einen der faszinierendsten Naturparks der britischen Insel ausgelassen. Und das wäre mehr als ein Jammer. Denn der Lake District ist eine regelrechte Bilderbuchlandschaft mit dem höchsten Berg Englands, dem tiefsten und größten See des Landes sowie unzähligen Plätzen, die vor Romantik nur so strotzen. Der Nationalpark Lake District gehört zu den beliebtesten Urlaubszielen der Engländer und verwöhnt den Besucher mit einer perfekten Infrastruktur. Campingplätze, Bed & Breakfast, Hotels, Restaurants, Pubs – man findet stets das Passende. Vergessen sollte man allerdings nicht, dass das Zentrum des Parks rund um den Lake Windermere im Sommer gut besucht ist.

Auf der Traumstrecke zwischen **Ambleside** und **Ravenglass** quält sich gerade vor uns ein Wohnmobil den 390 Meter hohen **Wrynose Pass** hinauf und vermiest uns den Fahrspaß etwas. Hat der Fahrer das Warnschild am Fuß des Passes nicht gesehen? Bevor ich mich anfange zu ärgern, taucht ein Hinweisschild »Creamtea and Scones« auf und beruhigt mein Gemüt wieder. Wir halten an, lassen das Wohnmobil fahren und genehmigen uns diese englische Köstlichkeit. Zusammen mit Butter und Mar-

Buttermere Water: Außerhalb der Feriensaison muss man den Lake District mit kaum einer Menschenseele teilen.

melade ist dieses muffinartige Gebäck eine kulinarische Sensation, die man der englischen Küche kaum zutraut.

Im Schatten des **Scafell Pike**, des mit 978 Metern höchsten Bergs Englands, fahren wir weiter zum **Hardknott Pass** (392 m). »Extreme Curving« ist die beste Beschreibung für die nächsten Kilometer. Steile Anstiege, enge Spitzkehren, ständig schalte ich zwischen dem ersten und zweiten Gang hin und her.

Oben auf dem Pass holt uns die klimatische Realität wieder ein. Über der

Irischen See rotten sich dunkle Wolken zusammen, um gemeinsam die Sonne vom Himmel zu verbannen. Im Lake District kämpfen ständig Hoch- und Tiefdruckgebiete über die Lufthoheit. Wie es aussieht, scheinen diesmal die dunklen Wolken zu gewinnen. Es bleibt zwar noch genügend Zeit, um die Abfahrt vom Hardknott Pass zu genießen, doch werden wir die geplante Tour durch den südlichen Teil des Lake District wohl auf einen der nächsten Tage verschieben müssen, denn die Schlechtwetterfront rückt immer näher.

Auf dem kürzesten Weg geht es in Richtung Buttermere, wo unser Domizil steht. Bei diesem Rückzug allzu forsch am Gasgriff zu drehen, wäre purer Leichtsinn. Denn auf den engen, verschlungenen Single Roads lauern viele Gefahren. Die Kurven sind unübersichtlich, und bei plötzlich auftretendem Gegenverkehr sind die Ausweichmöglichkeiten auf den einspurigen Straßen mehr als begrenzt. Es geht so eng zu, dass dann und wann meine Alu-Koffer in einem grünen Meer aus Blättern verschwinden, um Sekundenbruchteile später wieder aufzutauchen.

Gerade noch rechtzeitig erreichen wir die kleine Farm in **Buttermere**. »Das mit dem Wetter ist im Lake District wie mit der Lotterie«, gab uns Marjorie, unsere Wirtin, noch am Morgen mit auf den Weg. »Wobei die Chancen etwas mehr zu Gunsten der Regentage stehen«. Wenn es nach dieser Theorie geht, haben wir das große Los gezogen. Seit wir

Die Etappe über den Wrynose- und den Hardknott-Pass entpuppt sich dank vieler Kehren als anspruchsvolle Kurvenstrecke.

In den einsamen Cumbrian Mountains gehören einem die Straßenkreuzungen meist allein.

uns im Lake District aufhalten, hat es nicht ein einziges Mal geregnet. Im Augenblick sind Anke, Uli und ich jedoch froh, nicht in unsere Zelte kriechen zu müssen, sondern schön gemütlich bei einer Tasse Tee in einem umgebauten Kuhstall sitzen zu dürfen.

Camping Barn heißt diese Alternative zur Stoffbehausung und kostet nicht mehr als ein gewöhnlicher Zeltplatz. Für Marjorie und Gordon, die die kleine Farm bewirtschaften, trägt der Tourismus einen bedeutenden Anteil zum Einkommen bei. Vor nicht allzu langer Zeit waren noch Schafe ihre Haupteinnahmequelle. Doch seit Ausbruch der Maul- und Klauen-Seuche vor einigen Jahren hat sich das geändert. Marjorie erinnert sich nur ungern an diese Zeit. Kaum ein Farmer, dessen Tiere nicht von dieser Plage betroffen waren. Innerhalb weniger Monate verschwanden die Schafe

➤ **T i p p**

Atomkraft – ja, bitte?
*Oft kritisiertes Prunkstück der industriellen Besiedlung der Küstenregion im Lake District ist **Sellafield** – Atomkraftwerk und Wiederaufbereitungsanlage zugleich. In Sellafield werden nicht nur alte Brennstäbe aufpoliert und Milliarden von Kilowattstunden Strom produziert. In dieser Anlage wird auch das Plutonium für die britischen Atombomben gewonnen. Sie ist ein Hochsicherheitstrakt. Unzählige größere und kleinere Unfälle brachten Sellafield immer wieder ins Gerede. Die Betreiber reagierten inzwischen darauf: Ein hypermodernes Besucherzentrum soll auch skeptische Menschen von der Ungefährlichkeit der atomaren Energiegewinnung überzeugen (tägl. 10.00 – 18.00 Uhr, gratis).*

fast völlig aus dem Landschaftsbild. Doch damit nicht genug – auch der Tourismus blieb auf der Strecke, denn der Naturpark Lake District wurde für einige Monate zum Sperrbezirk erklärt. Doch das ist nun Vergangenheit, und die Menschen blicken optimistisch nach vorn. Längst gibt es wieder Schafe in der Region, und auch die Touristen kommen wieder in die Cumbrian Mountains.

Die Wetter-Lotterie bekommen wir am nächsten Tag wieder zu spüren. Diesmal aber im positiven Sinn. Die Wolken haben sich verzogen, und die Sonne hat die absolute Vorherrschaft über den Himmel zurückerobert. Einem Ausflug in den südlichen Teil des Lake District steht nichts im Wege. Wieder geht es auf kleinen verschnörkelten Straßen durch

Wiesen, Wälder und Weideland. Die höheren Lagen im Lake District gehören zweifellos den Schafen, die zu Tausenden im Hochland grasen. Größere Orte gibt es nur an der Küste. Sie haben einen industriellen Charakter und bieten für Besucher nur wenig Spektakuläres.

Das Gegenteil zu all den Fabrikgebäuden und grauen Arbeitersiedlungen, die viele Orte an der Küste auszeichnen, ist **Ravenglass**. Das hübsche Fischerdorf ist eine Augenweide. Kleine Häuser, die dicht zusammengedrängt stehen, als ob sie nur in der Gemeinschaft dem Wind trotzen könnten. Es ist Mittag, als wir mit unseren Motorrädern den Ort durchstreifen, und da kommt ein Schild mit der Aufschrift »Fish & Chips« nicht ungelegen.

Die schmalen Single Roads sind die typischen Straßenverbindungen im Lake District.

Englische Spezialität: Scones, Cream, Marmelade und Tee in dem kleinen Café in Cockley Beck.

Schon wenige Minuten später stehen Anke, Uli und ich erwartungsvoll in der kleinen Imbissbude und sehen einem weiteren Highlight der englischen Küche entgegen. Die Luft ist gesättigt mit dem Duft von Bratfett. »Salt and Vinegar?«, lautet die knappe Frage der älteren Dame hinter dem Tresen. Wenn schon, denn schon, denke ich und entschließe mich für das volle Programm. Ich komme kaum dazu, »yes please« zu sagen, da ist der Fisch mit samt den Fritten schon in Zeitungspapier verschwunden. Die mächtige Portion wird am Strand verdrückt. Der Fisch ist so riesig, dass die Bezeichnung »Wale & Chips« es wohl besser getroffen hätte. Prompt kommt mir wieder Sellafield in den Sinn. Doch darüber mache ich mir jetzt lieber keine weiteren Gedanken.

Es geht zurück in die Berge in Richtung **Hardknott Pass**. Wieder folgen wir dem schmalen Asphaltstreifen, der

➤ *Tipp*

Der erste Reiseführer

Unweit von Ambleside lebte William Wordsworth. Von seinem Haus aus konnte der als »Lake Poet« bekannt gewordene Dichter seine Blicke über Rydal Water schweifen lassen. Dieses Gewässer gehört zu den kleineren Seen im District und zieht die Besucher nicht allein wegen William Wordsworth an. Es ist die romantische Lage, die Rydal Water so beliebt macht. Von diesem Anblick ließ sich William Wordsworth immer wieder inspirieren. So stammt von ihm der erste Reiseführer über diese Region. Das Werk fand in ganz England viel Beachtung und läutete vor mehr als 150 Jahren die touristische Ära im Lake District ein. Von 1813 bis 1850 lebte der Schriftsteller in dem Herrenhaus Rydal Mount im Ort Rydal.

sich in engen Kehren auf die Hochebene am Scafell Pike windet. Diesmal haben wir freie Fahrt. Die Kurverei auf der schmalen Fahrbahn macht viel Spaß. **Ambleside**, am nördlichen Ende des **Lake Windermere** gelegen, ist neben Keswick der zentrale Ort im 2.750 Quadratkilometer großen Lake District. Deutlich wird sichtbar, dass hier geänderte botanischen Gegebenheiten herrschen. Oben in der schroffen Bergwelt darf die Natur noch sie selbst sein. Bis auf die Schafe kümmert sich niemand um den kargen Bewuchs. Unten in den Tälern herrscht ein völlig anderes Bild. Dort regiert der Mensch mit seinen Werkzeugen: Der Rasen ist britisch kurz, in den kleinen Vorgärten der Häuser grünt und blüht es, in den Beeten tummeln sich Rosen und Narzissen.

Nach einem kleinen Umweg über den **Kirkstone Pass** (484 m) erreichen wir

Kurz-Check

Streckenlänge: *ca. 300 km.*
Charakter: *Mittelschwer. Verschlungene, enge Single Roads und kurvenreiche Pass-Sträßchen verlangen eine sichere Beherrschung des Motorrades.*
Highlight: *Die kurvenreiche und landschaftlich eindrucksvolle Strecke von Ambleside nach Ravenglass.*
Einkehr-Tipp: *Die Fish & Chips-Bude in Ravenglass.*
Absolutes Muss: *Ein Bummel zu Fuß durch den idyllischen Fischerort Ravenglass.*

Keswick. In dem 5.000-Einwohner-Ort geht es wesentlich ruhiger zu als in Ambleside. Wir haben Keswick jedenfalls keine Minute zu früh erreicht. Die dunklen Wolken, die uns schon seit dem frühen Nachmittag verfolgen, erleichtern sich direkt über uns. Gerade noch rechtzeitig schaffen wir die Flucht ins Trockene. Dass der Regenguss genau mit der Teatime zusammenfällt, sorgt in dem kleinen Café für eine beträchtliche Nachfrage nach Heißgetränken und Süßspeisen, die zeitgleich mit erheblichen Lieferschwierigkeiten einhergeht. Doch die Witterung hält uns hier ohnehin für längere Zeit gefangen, und so macht es uns nichts aus, ein wenig länger auf Creamtca und Scones zu warten. Zufrieden sitzen wir inmitten älterer Ladies, die den Fünf-Uhr-Tee zelebrieren und damit eine Jahrhunderte alte englische Tradition pflegen.

Nach einiger Zeit zeigt sich wieder die Sonne. Zwar nur zögerlich, aber es dürfte reichen, um unser Domizil in Buttermere mit halbwegs trockener Kleidung zu erreichen. Uli schlägt den Rückweg über das **Derwent Fell** vor. Weshalb nicht? Ein schmales Sträßchen verspricht Fahrspaß. Seit der Wikingerzeit nennen die Leute hier ihre Berge übrigens »Fells«. Wir werden nicht enttäuscht und kommen auf der gewundenen Fahrbahn voll und ganz auf unsere Kosten. Keine Spaßbremse trödelt diesmal vor uns. Der optische Aspekt stimmt ebenfalls – **Derwent Water** erweist sich in der Tat als der schönste See des nördlichen Lake District. Morgen geht es weiter Richtung Schottland. Wie gut, dass wir vorher dem Lake District einen Besuch abgestattet haben.

Besuch bei Rob Roy

Das südschottische Hügelland, die Lowlands, liegen abseits der bekannten Routen und bieten dem Besucher eine bezaubernde Landschaft mit bunten Dörfern und imposanten Adelssitzen.

Für manche Reisende gehören sie nicht richtig dazu – die Lowlands. Schottland, das ist für die meisten Menschen eine raue Landschaft mit karger Vegetation. Schroffe, kahle Berge und tiefschwarze Seen, die jenseits des Hadrian's Wall »Loch« genannt werden. Nicht wenige Insider jedoch sehen im Süden den schönsten Teil Schottlands. Vereint er doch wogende Hügel, üppige Wiesen und Felder sowie unzählige historische Häuser, Schlösser und Abteien zu einem Mix, der so herrlich beruhigend auf das Gemüt wirkt.

Der Übergang ist fließend. Der englische »Way of Life« verliert sich schon in den Cheviot Hills, einer bis zu 800 Meter hohen Hügelkette nordwestlich von **Newcastle**. Ab **Corbridge** führt die A 68 geradewegs Richtung Schottland. Diese Landstraße ist nicht besonders kurvig. Ihren Reiz zieht sie aus einem ständigen Auf und Ab, das bei entsprechender Geschwindigkeit den Magen ganz schön in Wallung bringen kann. So manche Portion Fish & Chips, so wird heute immer noch gern erzählt, kam auf der A 68 viel früher wieder zum Vorschein als vorgesehen. Zahlreiche Unfälle führten irgendwann zu einer Geschwindigkeitsbegrenzung, die zwar die Zahl der Crashs verringerte, leider aber auch den Fahrspaß.

Wer den **Hadrian's Wall** hinter sich lässt, befindet sich auf blutgetränktem Boden. Schon die Römer fürchteten die Barbaren aus dem Norden und errichteten einen Schutzwall, der sich von der

Ein fruchtbares Hügelland mit üppigen Wiesen und Feldern: Die Lowlands sind ein Paradies fürs entspannte Motorradfahren.

Nordsee bis hin zur Irischen See zog. Die »Borders« (Grenzen) waren stets umkämpft. Über Jahrhunderte dauerte der Streit zwischen Briten und Schotten, und viele blutige Auseinandersetzungen fanden in den Tälern der Flüsse Tweed und Teviot statt.

Wo beginnt nun eigentlich Schottland? Die englischen Hügel in Northumberland und die schottischen Lowlands sind optisch nicht zu unterscheiden. Ein großer Monolith verschafft endlich Klarheit darüber, wann das Territorium der Clans, Kilts und des Whisky erreicht ist. Am Grenzstein – eigentlich sind es zwei, die rechts und links der Straße stehen – weht meist ein kräftiger Wind. Wer seinen Blick von der Anhöhe

Das zottige Fell der Galloway-Rinder macht sie gegen Wind und Regen unempfindlich.

über die bunten Wiesen und Felder wandern lässt, braucht nicht viel Phantasie und Vorstellungskraft, um zu erahnen, woher die Karomuster auf den Schottenröcken wohl kommen.

An sonnigen Tagen vermischen sich auf dem Parkplatz am Monolith zwei Welten. Zum einen besteht die Möglichkeit, noch einmal eine Tasse englischen Tees zu trinken – obwohl der Unterschied zum schottischen Pendant kaum zu schmecken ist. Zum anderen kommt es nicht selten vor, dass ein schottischer Piper die Besucher musikalisch auf die kommenden Urlaubstage einstimmt. So mancher Sieg, so erzählen die Schotten, wurde durch den Dudelsack davongetragen, weil der markige Klang die Gegner zermürbte. Für kontinentale Ohren ist der Sound des Dudelsacks auch heute noch gewöhnungsbedürftig.

Die erste schottische Stadt heißt **Jedburgh**. Klein, fein und von einer englischen Kleinstadt kaum zu unterscheiden. Wäre da nicht die alte Klosterruine. Immer wieder rannten die Engländer gegen diese Mauern an. Die Geschichte der Jedburgh Abbey ist eine Geschichte von Zerstörung und Aufbau. Zusammen mit den drei anderen Grenzklöstern Melrose, Kelso und Dryburgh war auch Jedburgh ein stetes Angriffsziel der Engländer. Der schottische König David I. gründete diese Border Abbeys Mitte des 12. Jahrhunderts und machte die Mönche zu seinen Grenzsoldaten. Von den vier Abteien bewahrte Jedburgh seine mittelalterliche Pracht am besten (tägl. 9.30 – 17.30 Uhr).

Anstatt wie die Mehrzahl der Schottland-Urlauber nach Norden weiterzufahren, wenden wir uns Richtung Süd-

Der Monolith an der Hauptstraße A 68 markiert die Grenze zwischen England und Schottland. Jetzt ist das Reich der Kilts, der Karos und der Whiskies erreicht.

westen und erreichen über **Hawick** einen optischen und historischen Leckerbissen: **Hermitage Castle**. Eingebettet in die typisch hügelige Landschaft der Lowlands steht die Burg nahe der englischen Grenze. An ihren mächtigen Ecktürmen bissen sich die Engländer oft die Zähne aus. Äußerlich wirkt Hermitage Castle intakt, doch im Inneren sind die Wunden der Vergangenheit deutlich zu sehen. Einst ritt Mary Queen of Scots in einem Höllenritt von Jedburgh zum Schloss, um ihren Geliebten zu sehen, der bei einem Gefecht schwer verwundet wurde. Die trutzige Burg ist ein Ort für Sagen und Legenden. Wohl deshalb diente sie immer wieder als Kulisse für Maria-Stuart- und Macbeth-Filme.

Nicht weit weg vom Ufer des Solway Firth wartet nahe der englischen Grenze ein Ort für Gefühlsmenschen: **Gretna Green**. Bis 1940 konnte dort ohne viel Drum und Dran geheiratet werden, was sich besonders bei jungen Paaren aus England großer Beliebtheit erfreute. Die

> ➤ **T i p p**

Ein Wall gegen die Barbaren
Als die Römer im Jahr 82 nach Kaledonien, wie sie Schottland nannten, eindrangen, sicherten sie die Grenzen nach Norden durch den von Kaiser Hadrian gebauten **Hadrian's Wall**. Die Anlage reichte von Newcastle im Osten bis Carlisle im Westen und schnitt das Land quasi von Küste zu Küste durch. Der Wall bestand ursprünglich aus einem drei Meter tiefen und acht Meter breiten Graben, hinter dem eine fünf Meter hohe Mauer aufragte. In Abständen von ca. zehn Kilometern standen Forts, in denen sich jeweils bis zu 1.000 Soldaten aufhielten. Besichtigen lassen sich seine Reste zwischen Hexham und Brampton in Birdoswald, Chesterholm und Housesteads. Die Aufgabe des Walls war beendet, als sich die Römer im Jahr 410 aus Schottland zurückzogen.

Eltern waren in den meisten Fällen nicht so begeistert. Nach schottischem Recht war es schon im Mittelalter möglich, mit dem Wort »ja« und zwei Zeugen in den heiligen Stand der Ehe zu treten. Einzige Voraussetzung: Beide Heiratswilligen mussten über 16 Jahre alt sein. Im 19. Jahrhundert machten sich diese lockere Art der Eheschließung vor allem adelige Söhne zunutze, die sich gegen den Willen der Eltern in ein bürgerliches Mädchen verliebt hatten. Gastwirt oder Schmied übernahmen dabei den Part der Trauzeugen. 1940 wurde das Ganze schließlich vom schottischen Parlament verboten. Dennoch ist Gretna Green bis heute bei allen frisch Verliebten in Großbritannien ein Mythos geblieben. In der alten Schmiede kann man sich immer noch das Jawort geben, allerdings ohne rechtliche Konsequenzen.

Dumfries and Galloway heißt die Grafschaft, die sich nun nach Westen öffnet. Auf der A 75 erreichen wir die Hauptstadt **Dumfries**, die von ihren 30.000 Einwohnern liebevoll »Queen of the South« genannt wird. In Dumfries verbrachte der schottische Dichter Robert Burns von 1791 bis 1796 seine letzten Lebensjahre. Sein Haus in der Burns Street ist demnach auch der Besuchermagnet der Stadt. Wer sehen will, wo der Dichter sein Bier trank, darf dem Pub Globe Inn einen Besuch abstatten.

Wir fahren zwischen den Weiden der Galloway-Rinder hindurch

Die Halbinsel Rinns of Galloway ist das nächste Ziel. Wir zweigen hinter Dumfries auf die A 712 ab und tauchen in eine wahrlich königlich anmutende Landschaft ein. Ob die Route deshalb den Beinamen Queensway trägt? Wie auch immer – die Fahrt durch das hügelige Bauernland wird zur reinen Freude. Auf kleinen und kleinsten Fahrbahnen geht es zwischen den Weiden der bekannten Galloway-Rinder hindurch. Das dichte und zottige Fell der Tiere erin-

Der idyllische Loch Voil war die Heimat von Rob Roy, dem schottischen Robin Hood.

Campingplatz mit Aussicht: Die Zeltplätze in den Lowlands bieten atemberaubende Panoramen.

nert deutlich an eine Rüstung, gegen die Wind und Regen völlig machtlos sind.

Hinter **Glenluce** mit seiner romantisch gelegenen Abtei rollt die Maschine auf die Halbinsel **Rinns of Galloway**. Dort ist es die Irische See, die dem Vorwärtsdrang Richtung Westen ein Ende setzt. Fast senkrecht fällt das Land ins Meer. Am südlichsten Ende Schottlands ist man mit sich und den Elementen allein. Nur wenige Fremde verirren sich auf die Halbinsel, die durch Luce Bay und Loch Ryan vom Festland getrennt wird. Zwei Abstecher lohnen sich hier: Der zum hübschen Fischerdorf **Portpatrick** und der hinab zur südlichen Spitze **Mull of Galloway**. Von dort reicht die Sicht an klaren Tagen bis hinüber nach Irland.

Auf Nebenstraßen durchquert unsere Route nun den wald- und wasserreichen Galloway Forest Park und nimmt **Glasgow** ins Visier. Die mit 700.000 Einwohnern größte Stadt Schottlands hat in den letzten 20 Jahren eine erstaunliche

➤ **T i p p**

Der schottische Robin Hood
*Er lebte von 1671 bis 1734 und hieß Robert MacGregor. Wegen seiner roten Haare wurde er auch **Rob Roy** genannt (gälisch »rua« = rot). Der Viehhändler machte Anfang des 18. Jahrhunderts bankrott und floh in die Einsamkeit. Als ihn daraufhin der Duke of Montrose ächtete und sein Haus niederbrannte, wurde Rob Roy zum edlen Räuber, der den Herzog beraubte und die Beute mit den Armen teilte. Mehrfach warf man ihn ins Gefängnis, aus dem er immer wieder entkam. 1725 wurde er begnadigt. Seine letzten Lebensjahre verbrachte er in Balquhidder, wo auf dem Kirchfriedhof sein Grab zu besichtigen ist. Hollywood setzte Rob Roy mit dem gleichnamigen Film ein Denkmal. Die Hauptrolle spielte der charismatische nordirische Schauspieler Liam Neeson.*

Wendung mitgemacht. Aus dem hässlichen, grauen Industriemoloch ist eine bunte und sympathische Stadt geworden. Den entscheidenden Anstoß gab sicher die Ernennung zur Kulturhauptstadt Europas im Jahr 1990. Wer sich also die alten Werften entlang des Clyde, die Merchant City mit ihren viktorianischen Häusern oder eine der reizenden Einkaufspassagen ansehen will, sollte ruhig einen Zwischenstopp in Glasgow einlegen.

Ansonsten umgeht man Glasgow und nimmt das nördlich gelegene **Stirling** aufs Korn. Die heute knapp 30.000 Einwohner zählende Stadt entstand rund um eine der bedeutendsten Burgen Schottlands: Stirling Castle. Vor seinen Toren bereitete »Braveheart« William Wallace den Engländern 1297 eine vernichtende Niederlage. An der Old Stirling Bridge schnitt er ihnen den Nachschub ab und rieb die englischen Einheiten einzeln auf. An diesen Erfolg erinnert das

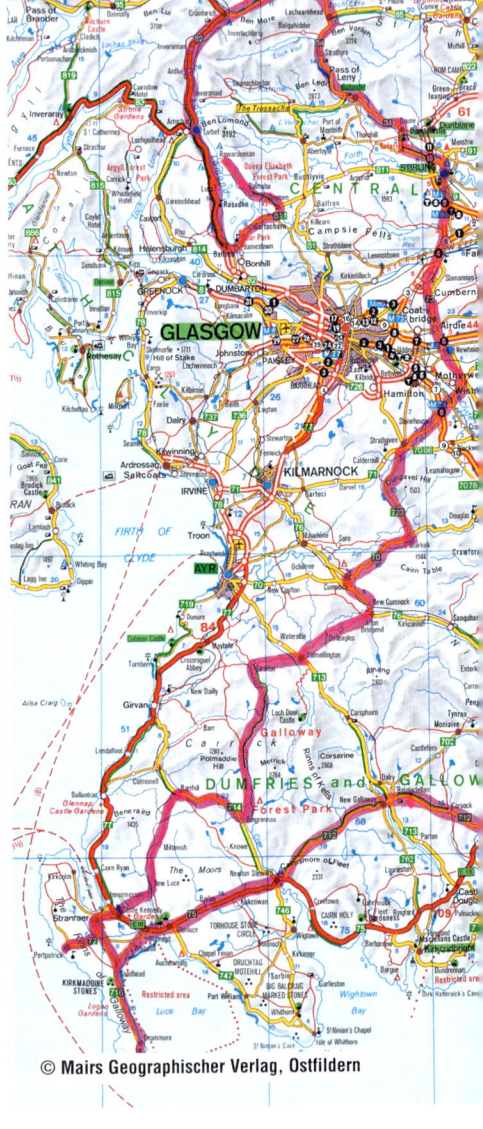

© Mairs Geographischer Verlag, Ostfildern

Kurz-Check

Streckenlänge: *ca. 900 km.*

Charakter: *Leicht bis mittelschwer. In der Regel ordentliche, gut ausgebaute Straßen. Eine Etappe für Genießer.*

Highlight: *Die Halbinsel Rinns of Galloway mit ihren schmalen Sträßchen und subtropischen Pflanzen.*

Absolutes Muss: *Ein Besuch im Rob Roy and the Trossachs Visitor Centre in Callander.*

Wallace-Monument, ein Turm vor den Toren der Stadt. Für Kinoliebhaber interessant: Mel Gibson spielte in dem gleichnamigen Film den Braveheart.

Kurvenreich bringt uns die A 84 in die **Trossach Mountains** hinein. Mit ihren grünen Wäldern und tiefblauen Seen bilden sie die natürliche Grenze

geöffnet. Ein Stück weit hinter Callander zweigt eine Straße links nach **Balquhidder** ab. Auf dem dortigen Friedhof liegt MacGregors Grab. »He despite them all« – er trotzte ihnen allen, steht auf seinem Grabstein.

Ein sehr empfehlenswerter Abstecher führt von **Crianlarich** aus nach Süden zu **Loch Lomond**. Die Gegend rund um den größten Süßwassersee Großbritanniens wurde 2002 zum Nationalpark erklärt. Ein Viertel aller Wildpflanzenarten Großbritanniens ist hier heimisch. Das östliche Ufer ist ein Eldorado für Naturliebhaber. Da die Straße in **Rowardennan** endet, hat man hier auch in der Hochsaison seine Ruhe. Etwas mehr los ist entlang des Westufers. Dort warten hübsche Dörfer wie **Luss** und **Tarbet** auf Besuch. Wer ein Restaurant, ein Café oder ein Bed & Breakfast sucht, ist hier genau richtig.

zwischen Lowlands und Highlands. Sie sind das Land von Robert MacGregor. Der schottische Robin Hood, auch Rob Roy genannt, trieb hier sein Unwesen. Wer mehr über ihn erfahren will, besucht am besten das Rob Roy and the Trossachs Visitor Centre in **Callander**. Es ist täglich von 9.30 bis 18.00 Uhr

Das Resümee dieser Tour ist eindeutig: Die Lowlands sind unbedingt eine Reise wert. Wer sie links liegen lässt, verpasst viel.

Ein Tag in »Auld Reekie«

Edinburgh, das wirtschaftliche und politische Zentrum Schottlands, gehört zu den schönsten und besterhaltenen Städten Europas. Ein Bummel durch Old Town und New Town ist deshalb ein Muss für jeden Schottland-Besucher.

Wer heutzutage zu Fuß durch das saubere und helle Edinburgh streift, das im Sommer einer einzigen Grünanlage gleicht, kann kaum glauben, dass die Stadt während des Mittelalters ein grauer, stinkender Moloch war, aus dessen Tausenden von Schornsteinen unablässig grauer Qualm aufstieg. Damals erhielt die Stadt den Beinamen »Auld Reekie«, was gälisch ist und so viel wie »Alte Verräucherte« bedeutet. Interessanterweise finden viele Kenner noch heute, dass die Farbe Grau Edinburgh am besten steht. Nicht dass es hier bei Sonnenschein nicht wunderschön wäre. Aber wenn die Wolken tief am Himmel hängen, dann ist die Zeit ideal für einen Stadtbummel. Edinburgh braucht kein himmlisches Scheinwerferlicht, seine Schätze liegen im Verborgenen unter den Dächern der Stadt.

Auf der **Princes Street**, dem Prachtboulevard, geht es immer sehr geschäftig zu. Kaufhäuser und noble Boutiquen rangeln um die Gunst der Kunden. Die Princes Street teilt zwei Welten voneinander, sie ist die Grenzlinie zwischen Old Town und New Town. Auf diesem vierspurigen Asphaltstreifen geht es lebhaft zu. Rote Busse kämpfen gegen schwarze Taxis um die besten Plätze an der Ampel. Dazwischen als Verkehrs-Anarchos die Fahrradkuriere, die sämtliche Regeln aushebeln.

Wer die Princes Street erfolgreich bewältigt hat, der steht genau vor den **Princes Street Gardens**. Der Park ist der

Vom Calton Hill bietet sich der beste Blick auf Edinburgh. Links oben steht das Castle, rechts verläuft die Princes Street.

Gegenpol zur Shopping Mile. Statt teurer Auslagen in den Schaufenstern gibt es Muße und Beschaulichkeit. Eine Oase der Ruhe. Wohl deshalb zieht sich zur Mittagszeit ein ganzes Heer herausgeputzter Damen und Herren zum Lunch in die Princes Street Gardens zurück. Büroangestellte, die die Pausenzeit nutzen, um sich kurz vom umtriebigen Alltag in der Welt der Banken und Versicherungen zu erholen. Denn Edinburgh beherbergt nicht nur viel Geschichte und Tradition, neben London ist die Stadt das zweitgrößte Geschäftszentrum in Großbritannien. Und alles, was in diesem Business einen klingenden Namen trägt, hat sich im Umfeld der Princes Street niedergelassen.

An ihrem östlichen Ende erhebt sich **Calton Hill**. Auf dieser Anhöhe greifen die Schotten nach den Sternen. Im City Observatory, das 1818 erbaut wurde, kann man jedoch nicht nur auf die Suche nach fremden Galaxien gehen, sondern sich auch einen Film in 3D-Version über die Stadt anschauen. Aber auch ohne technischen Schnickschnack hat man von hier oben eine tolle Sicht. Calton Hill eignet sich besonders dafür, einen Überblick über die Old und die New Town zu bekommen.

In der Nachbarschaft von Calton Hill liegt **Holyrood Palace**, die Residenz der Könige. Diese einstige Abtei erlebte Höhen und Tiefen. Maria Stuart und Bonnie Prince Charlie hielten hier im Jahr 1745 Hof und schworen die Clans gegen die Engländer ein. Nachdem die Entscheidungsschlacht bei Culloden für die Schotten verloren ging, waren die guten Tage von Holyrood Palace gezählt. Erst Georg IV. machte dieses Gemäuer zu seiner schottischen Residenz. Ein Brauch, den Queen Victoria fortführte und an den sich bis heute alle Königinnen und Könige des britischen Empires halten.

Direkt dahinter liegt **Holyrood Park**,

Holyrood Palace liegt in der Nachbarschaft von Calton Hill und ist seit vielen Jahrhunderten die schottische Residenz aller Könige und Königinnen des britischen Empires.

Die Royal Mile: Mehrere hundert Jahre schottischer Geschichte auf einem Kilometer.

ein 2,5 Quadratkilometer großes Areal. In seiner Mitte ragt Arthur's Seat auf, der höchste Punkt der Hauptstadt. Wer sich die Mühe macht, diesen 250 Meter hohen Hügel zu erklimmen, hat eine noch bessere Sicht auf die Metropole als vom Calton Hill. Der Blick reicht bis zum Edinburgh Castle, das durch eine graue Linie mit dem Holyrood Palace verbunden ist – die **Royal Mile**.

Der königliche Boulevard ist gespickt mit phantastischen Sehenswürdigkeiten. Um so viel Schottisches auf etwas mehr als einem Kilometer zu verarbeiten, reicht ein ganzer Tag eigentlich kaum aus. Daher die Kurzfassung: Gleich nach Holyrood Palace lohnt sich ein Blick in den White Horse Close. Von diesem Hinterhof aus machte sich früher die Postkutsche auf den Weg nach London. Etwas weiter liegt das Huntly House. Das Gebäude zählt zu den großen alten Häusern Edinburghs und stammt aus dem 16. Jahrhundert. Heute ist das Huntly

➤ **Tipp**

Gigant aus Stahl

Wer von Edinburgh aus den Schildern mit der Aufschrift Forth Bridges Road folgt, landet nach wenigen Meilen in dem kleinen Ort **South Queensferry**. *Wie der Name andeutet, setzte dort eine Fähre jahrhundertelang Reisende über den Firth of Forth. Das änderte sich 1890: Nach siebenjähriger Bauzeit wurde eine 2,5 Kilometer lange und 50 Meter hohe Eisenbahnbrücke eingeweiht. Sie war weltweit die erste große Stahlbrücke und galt als technisches Wunderwerk. Ihre Träger werden von rund acht Millionen Nieten zusammengehalten, und die gestrichene Fläche umfasst ca. 55 Hektar. Mittlerweile ist der Gigant zur Legende geworden. Wenn die Menschen in Schottland ein unermüdliches Bemühen beschreiben wollen, sagen sie: »Als ob man die Forth Brücke streichen wollte.«*

House das Heimatmuseum der Stadt, in dem es viele kuriose Dinge zu sehen gibt, die irgendwie mit der Vergangenheit von Edinburgh zu tun haben.

Weiter geht es vorbei an Canongate Tolbooth, Moubray House, John Knox's House. Wie fast alle Gebäude entlang der Royal Mile beherbergen auch sie Relikte aus der Vergangenheit. Das Haus des Reformators John Knox (1513 – 1572) macht von außen einen pompösen Eindruck. Doch innen ist bestechende Schlichtheit zu finden. Ganz im Sinne des Kirchenmannes, der während seines ganzen Lebens einen streng puritanischen Stil bevorzugte.

Die St. Giles Cathedral mit ihrem gotischen Äußeren kommt in Sicht. Diese Kirche, offiziell »High Kirk of Edinburgh« genannt, hat ihren festen Platz in der schottischen Geschichte. Könige wurden darin gekrönt, und John Knox krempelte von der Kanzel der St. Giles Cathedral den schottischen Glauben um.

Das Grab des Reformators soll sich direkt hinter der Kirche befunden haben.

Gleich neben der Kathedrale, am Parliament Square, ist das Heart of Midlothian in die Straße eingelassen. Das aus Pflastersteinen geformte Herz markiert die Stelle, an der sich im Edinburgh des 18. Jahrhunderts die Todeszelle befand.

Man kann sich seine eigenen Karomuster weben lassen

Bis 1817 stand an diesem Platz das Old Tolbooth, das Gefängnis der Stadt.

Das Edinburgh Castle rückt nun immer näher. Doch bevor es hinauf geht zur Burg, wartet entlang der Royal Mile noch die eine oder andere Sehenswürdigkeit. Zum Beispiel Gladstone's Land. »Land« ist eine alte schottische Bezeichnung für ein Mietshaus. Dieses Exemplar stammt aus dem 17. Jahrhundert. Der National Trust baute es zu einem Museum um, in dem originalgetreu

Westlich von Edinburgh führt beim Ort South Queensferry eine imposante Eisenbahnbrücke über den Firth of Forth. Der 2,5 Kilometer lange und 50 Meter hohe Gigant wurde im Jahr 1890 eingeweiht.

das Leben einer Kaufmannsfamilie aus der damaligen Zeit nachgestellt wird. Ebenso interessant wie das Haus selbst ist dessen Hinterhof. Ein wenig versteckt steht dort das Lady Stair's House, das das Writer's Museum beherbergt. In dieser prächtigen Stadtvilla sind Habseligkeiten und Originaltexte der bedeutendsten schottischen Schriftsteller zu sehen wie Sir Walter Scott oder Robert L. Stevenson. Der schrieb »Die Schatzinsel« und »Der seltsame Fall des Dr. Jekyll und Mr. Hyde« und wurde 1850 in Edinburgh geboren.

Kleinkariert geht es bei der Edinburgh Old Town Weaving Company zu: Wer möchte, kann sich dort seinen eigenen Tartan weben lassen, jenen Stoff mit Karomuster, der viele schottische Männerbeine ziert. Eine andere schottische Tradition wird im Scotch Whisky Heritage Centre gepflegt. Wer wissen will, wie der berühmte Hochprozentige entsteht, ist hier genau richtig. Direkt gegenüber liegt der Outlook Tower, dessen Observatorium eine gute Aussicht auf die Stadt bietet.

Jetzt liegt die Royal Mile hinter uns. Vor uns thront auf dem Castle Hill die wahrscheinlich bekannteste Festungsanlage Schottlands: **Edinburgh Castle**. Seine Anfänge gehen auf das 6. Jahrhundert zurück, seine Bauzeit betrug mehrere hundert Jahre. Bis zur Union mit England 1603 diente es den schottischen Königen als Residenz. Maria Stuart brachte dort ihren Sohn zur Welt. Ihre Gemächer befinden sich gleich neben dem Crown Room, wo noch heute die wertvollen schottischen Krönungsinsignien (Krone, Zepter und Reichsschwert) ausgestellt sind. Im Burghof

Wer Trödel und Antiquitäten sucht, wird in den Läden Edinburghs mit Sicherheit fündig.

➤ Tipp

Schöne und feudale New Town
Als Edinburgh gegen Ende des 18. Jahrhunderts aus allen Nähten zu platzen drohte, weil die unhygienische mittelalterliche Old Town zwischen Castle und Holyrood Palace die Menschenmassen nicht mehr beherbergen konnte, begann man nördlich der Princes Street mit dem Bau der New Town. Das Resultat: Ein Quartier mit rechtwinklig verlaufenden Straßen und wunderschönen georgianischen Gebäuden. Zwischen 1792 und 1811 entstand als Glanzpunkt des neuen Stadtteils der Platz Charlotte Square. Damals wohnten in seinen feudalen Stadthäusern reiche Kaufleute, heute befinden sich dort Büros. Zum Teil noch bewohnt sind hingegen die monumentalen Bauten rund um den herrlichen Moray Place.

steht die St. Margaret's Chapel, das älteste Gebäude der Stadt. Auf der Esplanade, dem alten Exerzierplatz, werden nach wie vor Paraden abgehalten, so auch das jährlich im August stattfindende große Military Tattoo.

Hunger und Durst von dem zurückliegenden Spaziergang? Dem kann abgeholfen werden. Hat doch Edinburgh den Ruf, die besten **Restaurants** Schottlands zu besitzen. Zum Beispiel Valvona & Crolla (19 Elm Row). In diesem Delikatessengeschäft mit Café/Bar gibt es selbst gemachte schottische Spezialitäten. Eher etwas für Leckermäuler ist das Café Florentin (8 St. Gilles Street). Es gilt in Edinburgh als Institution.

Die **Pubs** der Old-Town locken mit feucht-fröhlichem Vergnügen. In den dunklen Gassen der Altstadt gibt es zum Teil noch dunklere Spelunken, in denen sich in der Vergangenheit zwielichtige Gestalten herumtrieben. Heute trifft man dort auf eine bierselige Gemütlichkeit. In vielen Pubs spielen Bands, und nicht selten endet ein Kneipenabend in einer Musiksession.

Überhaupt verstehen die Menschen in Edinburgh etwas vom Feiern. In den Sommermonaten jagt ein Festival das nächste. Weltruhm erlangte mittlerweile das **Edinburgh Festival**. Bis zu 400.000 Besucher strömen zu diesem Musik-Event in die Stadt. Die Straßen sind dann voller Leben. Überall finden Konzerte statt, von Klassik über Folk bis Rock ist jede Stilrichtung vertreten. Drei Wochen ist Edinburgh während des Festivals in Feierlaune. Kein Wunder bei mehr als 2.000 Veranstaltungen.

Wer die knochige Mentalität der Schotten kennt, wird sich über die sprudelnde Lebensfreude wundern, die während des ganzen Jahres in den engen Gassen der Altstadt herrscht. Edinburgh ist eben ganz anders als der Rest Schottlands. Alt, aber dennoch jung geblieben und immer für eine Überraschung gut. Wer nach einem Besuch der Hinterhöfe an der Royal Mile aus der Vergangenheit wieder in die Gegenwart zurückkehrt und dabei über eine junge Frau mit grünen Haaren, schwarzen Augen und gepierctem Gesicht stolpert, der weiß, dass er in Edinburgh ist.

Kurz-Check

Besichtigungsdauer: *etwa 1 Tag.*
Charakter: *Edinburgh lässt sich ganz gut zu Fuß erkunden, und man bekommt an einem Tag einen schönen Eindruck von der Stadt. Man lässt die Motorradbekleidung am besten in den Koffern und bewegt sich in Freizeitkluft.*
Highlight: *Das Panorama vom Calton Hill hinab auf die Stadt.*
Einkehr-Tipp: *Valvona & Crolla mit Delikatessenshop sowie Bar und Café. Café Florentin mit französischem Flair.*
Absolutes Muss: *Die Besichtigung von Edinburgh Castle. Am interessantesten sind dort die Argyle Battery (tolle Aussicht), der Palast mit den Kronjuwelen sowie das Militärgefängnis mit Wandzeichnungen französischer Gefangener. Täglich um 13.00 Uhr feuert eine Kanone an der Mill's Mount Battery den Mittagsschuss ab. Öffnungszeiten: täglich 9.30 Uhr bis 18.00 Uhr.*

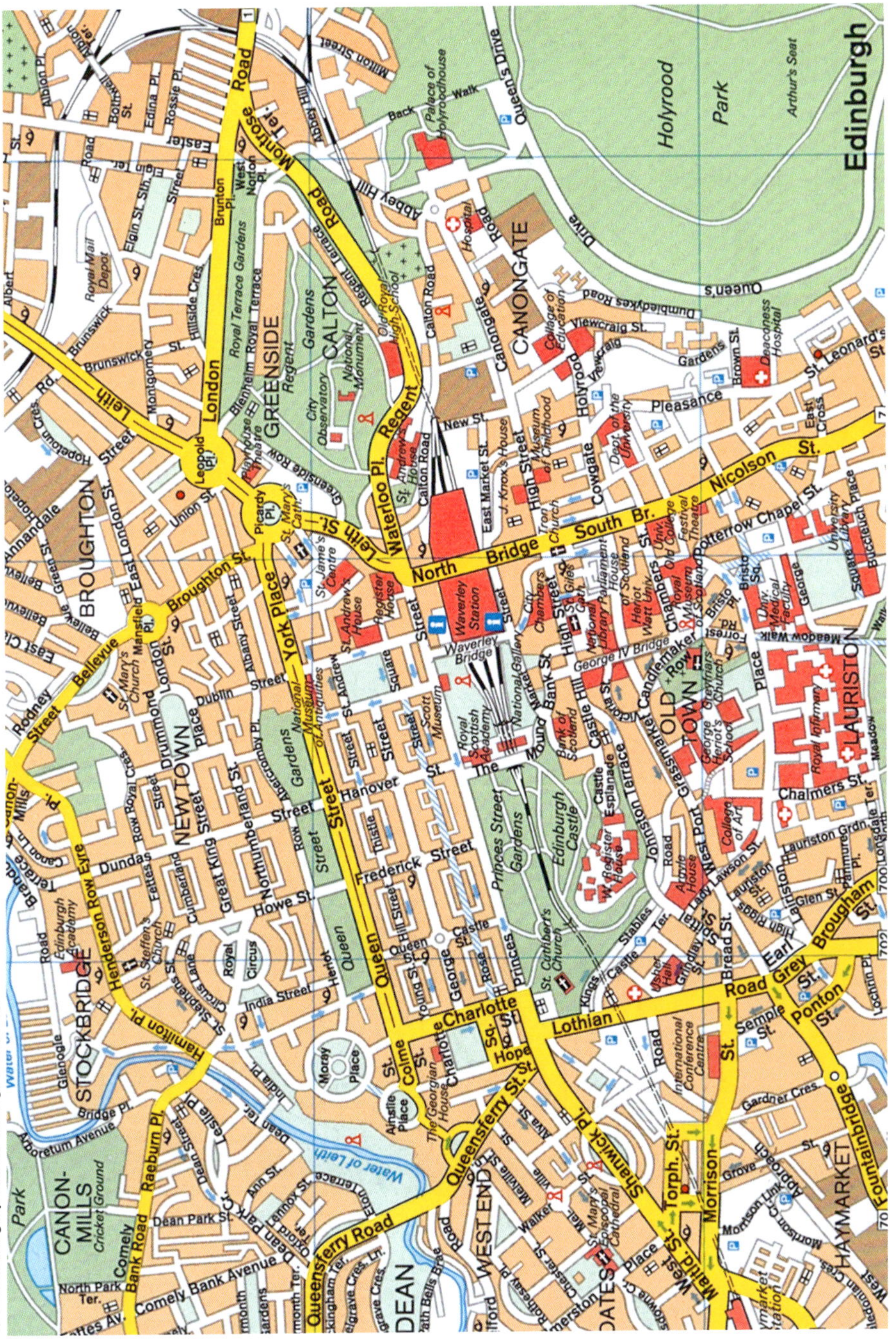

Edinburgh

Holyrood Park

Arthur's Seat

CANONGATE

GREENSIDE

CALTON

BROUGHTON

NEWTOWN

OLD TOWN

STOCKBRIDGE

LAURISTON

CANON-MILLS

DEAN

WEST END

HAYMARKET

Waverley Station

Edinburgh Castle

Princes Street

Queen Street

George Street

Leith Street

London Road

Queensferry Road

Lothian Road

Nicolson St.

North Bridge

South Br.

Auf den Inneren Hebriden, so sagen die Einheimischen, würde es nur so von Geistern und Feen wimmeln. Dort könnten sie nämlich in aller Ruhe ihren Unfug treiben. Wer Stille und Entspannung sucht, ist auf den sieben Inseln der Inneren Hebriden also genau richtig. Er muss allerdings auch das wechselhafte Wetter akzeptieren. »Four seasons a day« – vier Jahreszeiten täglich, heißt ein beliebter Satz der Insulaner. Das Wetter ist eben eine richtige Diva – mal grau und depressiv, im nächsten Moment wieder strahlend.

Isle of Skye

Mit einer Fläche von 80 mal 35 Kilometern ist Skye die größte der Inseln. Die meisten seiner rund 8.000 Einwohner verdienen ihren Lebensunterhalt als Bauern (»Crofter«) oder Fischer. Im Sommer kommt etwas Tourismus hinzu. Vom Festland aus ist Skye schnell erreicht: Wo früher die Fähren von Kyle of Lochalsh hinüber nach **Kyleakin** ablegten, spannt sich heute eine Brücke über die Meerenge. Schon wenige Kilometer dahinter erheben sich linker Hand die knapp 1.000 Meter hohen **Cuillin Hills**. Auf der rechten Straßenseite gleitet der Blick übers Wasser und verliert sich irgendwo im Inner Sound.

Bei **Broadford** lockt nach links eine kleine Straße. Die B 8083 führt am Fuß der Cuillin Hills entlang, umrundet kurvenreich so manchen Felsen und endet in **Elgol**. Im Sommer beherrschen dort Knickerbocker, Fleece-Pullis und Wanderschuhe das Straßenbild. Das Dorf am

Aussichtspunkt mit historischen Steinen:
die Ruinen von Duntulm Castle auf Skye.

Wo die Stille wohnt

Die Inseln der Inneren Hebriden sind ein Paradies für
Menschen, die Einsamkeit, Ruhe und Erholung suchen.

Ufer des **Loch Scavaig** ist Ausgangspunkt für Wandertouren in die schroffe Bergwelt der Cuillin Hills. Dieser Weg nach Elgol ist ein schöner Abstecher, der sich aber nur bei gutem Wetter lohnt. Denn wenn die grauen Wolken tief über dem Meer hängen, ist vom Zauber dieser Landschaft nicht viel zu spüren.

Von Broadford ist es nicht mehr weit nach **Portree**, der nur 1.300 Einwohner zählenden Hauptstadt von Skye. Sie liegt malerisch in einer Bucht und bietet eine Tankstelle, Supermärkte, Hotels, B&B, Pensionen und Souvenirläden. Ein hübscher Blickfang sind die bunten Fassaden der Häuser.

Nach dem Zwischenstopp in Portree bringt uns die A 855 entlang der Küste in Richtung Norden. Als schmale Single Road führt sie zunächst durch das Hinterland, vorbei an **Loch Fada** und **Loch Leathan**. Danach trifft sie auf das Meer und wirft mit landschaftlichen High-

Die Küstenstraße auf der Halbinsel Trotternish auf Skye bietet herrliche Panoramen.

➤ *T i p p*

Mit dem Vieh unter einem Dach
Wenn man die Nordspitze von Skye umrundet hat, gelangt man zum Skye Museum of Island Life (Montag bis Samstag 9.00 bis 17.30 Uhr). Dort wird auf höchst anschauliche Weise das harte Leben der Menschen im 19. Jahrhundert dokumentiert. Viele schlugen sich als Tagelöhner durchs Leben und hausten in so genannten Black Houses. Das waren einfache Hütten, in deren einzigem Raum Mensch und Tier gemeinsam wohnten. Mehrere dieser Black Houses sind auf dem Museumsgelände nachgebaut und können besichtigt werden. Ihre Wände wurden meist ohne Mörtel aufgeschichtet und mit Torf isoliert. Als Fenster diente ein kleines Loch in der Mauer. In der Mitte der Hütte brannte ein offenes Torffeuer, die Tiere gaben zusätzliche Wärme. Dennoch war bei den Tagelöhnerfamilien Tuberkulose die Todesursache Nummer eins.

Das vom Clan-Chef der MacLeods bewohnte Dunvegan Castle auf Skye steht direkt am Meer.

lights nur so um sich. Da ist The Storr, eine Felsformation, die mehr als 700 Meter in den Himmel ragt. Oder Old Man of Storr – wer seine Phantasie ein wenig beflügelt, kann durchaus einen Mann erkennen, der auf dem Rücken liegt und einen riesigen Dolch in seiner Brust stecken hat. Ein kurzer Dreh am Gasgriff, und schon gibt es die nächste versteinerte Attraktion zu sehen: den Kilt Rock. Riesige Basaltsäulen fallen hier 100 Meter tief senkrecht ins Meer.

Kurz hinter dem Ort **Staffin** gabelt sich der Weg. Links geht es durch die Berge direkt nach Uig. Eine gern genommene Abkürzung. Schöner kann es nicht mehr werden, denken sich viele und schenken sich den nördlichsten Teil der Insel. Doch falsch gedacht. Denn Skye kann noch viel viel schöner wer-

den. Also weiter an der Küste entlang nach Norden. Das Sträßchen windet sich zwischen Bergen und Meer und steigt ständig an. Ich finde: Dieses Stückchen Skye gehört zu den schönsten Landstrichen Schottlands. Der Blick reicht bis hinüber zu den Äußeren Hebriden. Natürlich nur bei gutem Wetter. Dann aber, wenn der Himmel blau ist und die Sonne scheint, kann man sich nicht satt sehen an dieser einmaligen Landschaft.

Die vielen Kurven verleiten zu einer zügigen Fahrweise. Doch aufgepasst: Die Herausforderungen lauern überall. Meistens in Form von in Wolle gepackten Vierbeinern, die unversehens am Straßenrand auftauchen. Die schmalen Single Roads lassen da nur wenig Spielraum für Ausweichmanöver.

Bei schönem Wetter fällt es leicht,

auf der Halbinsel **Trotternish** ein paar Stunden zu »vertrödeln«. Fast hinter jeder Kurve wartet ein neuer landschaftlicher Höhepunkt. Einer davon sind die Ruinen von **Duntulm Castle**. Einst war diese Burg eine der wichtigsten Festungen des MacDonald Clans. Über Jahrhunderte führten sie erbitterte Kämpfe gegen die MacLeods um die Vorherrschaft auf Skye.

Kurz vor **Uig** treffen wir wieder auf die A 87, die Hauptstraße der Insel. Zeit für einen Kaffee. Der kleine Hafen von Uig bietet dazu die Gelegenheit. In den Sommermonaten fahren von hier aus Fähren zu den Äußeren Hebriden. In der Regel sind es Einheimische und deren Verwandte, die diese Möglichkeit nutzen, zum windgepeitschten »Außenposten« Schottlands überzusetzen.

Wer hinüber in den Westen zur **Waternish-Halbinsel** will, muss von Uig erst einmal Richtung Süden fahren. Die A 87 führt einige Kilometer am lang gestreckten **Loch Snizort** entlang. Bei Bor-

ve biegt dann die A 850 nach Westen ab. Diese Straße wurde in den letzten Jahren ausgebaut. Nichts ist mehr übrig von den vielen engen Kurven. Das ändert sich erst, wenn man die A 850 kurz verlässt und im Ort **Dunvegan** Richtung Castle fährt. Sofort findet man sich auf einer schmalen Single Road wieder. Dunvegan befindet sich in einem exzellenten Bauzustand. Seit über 700 Jahren dient es den MacLeods als Stammsitz. In den Sommermonaten lässt sich der Clan-Chef gegen Eintritt gerne in die Gemächer schauen.

Ein Hinweis für Tierfreunde: Immer wenn sich genügend Fahrgäste finden, fährt von Dunvegan ein Boot hinaus zu den Seehundbänken. Die Meeressäuger, deren Lebensinhalt aus dem Fangen von Fischen und Dösen besteht, passen gut zur ruhigen Atmosphäre von Skye.

Wer Dunvegan auf der A 863 Richtung Süden verlässt, stößt schon nach wenigen Kilometern auf die B 884. Eine kleine Straße, die nach **Neist** zum

Selbst an den einsamsten Plätzen der Inneren Hebriden findet man die typischen roten Telefonzellen der British Telecom.

Tobermory, die kleine Hauptstadt von Mull, ist ein idyllischer Ort mit einer bunten Häuserzeile.

westlichsten Punkt der Insel Skye führt. Für diesen Abstecher sollte man sich unbedingt Zeit lassen, denn er hat es landschaftlich in sich. Mit »mal eben gucken« ist es absolut nicht getan.

Wer Skye sehen will braucht Zeit. Die Insel an einem Tag abzuhaken, ist möglich, aber nicht zu empfehlen. Der klassische Rundkurs – A 87 bis Borve, dann auf der A 850 über Dunvegan wieder zurück auf die A 87 – bietet nur einen Überblick. Die wahre Schönheit der Insel zeigt sich erst dann, wenn man auch in die Ecken schaut, also die kleinen Wege fährt, die häufig als Sackgasse irgendwo an der Küste enden. So zum Beispiel die B 8009, die am Ende von Loch Harport nach **Portnalong** abzweigt.

Isle of Mull

Ein Muss bei jeder Hebriden-Tour ist Mull. Die Insel lässt sich per Fähre von Oban oder Lochaline erreichen. Der erste Eindruck: Mull wirkt sanfter, lieblicher, nicht so rau wie Skye. In seiner Mitte ragt weithin sichtbar der fast 1.000 Meter hohe **Ben More** auf. Mull wird von engen und kurvigen Single Roads durchzogen. Sie führen an romantischen Buchten vorbei, deren hellen und feinen Sand man eher am Mittelmeer vermutet. **Tobermory**, die Hauptstadt der Insel, gefällt durch ihre idyllische Lage in einer Bucht und durch ihre bunt bemalten Häuser. Zwar wohnen in Tobermory nur 700 Menschen. Doch hat sich das 1788 gegründete Fischerdorf mittlerweile zu einem beliebten Ausflugsort gemausert.

Ab Tobermory geht es auf dem Asphalt ziemlich eng zu. Die Schafe beteiligen sich zwar sehr rege am Straßenverkehr, aber dessen Regeln beachten sie nicht. Am westlichsten Zipfel, dem Ross of Mull, hat man einen schönen Blick auf **Iona**. Von dieser winzigen Insel aus wurde vor ca. 1.500 Jahren die Christianisierung Schottlands betrieben. Noch heute sind dort die Ruinen der alten Iona Abbey zu sehen.

Isle of Islay

Whisky-Liebhaber sollten sich auf keinen Fall Islay entgehen lassen. Denn auf einer Fläche von 40 Kilometer Länge und 35 Kilometer Breite gibt es acht Brennereien! Wie auf Skye und Mull schmeckt auch der Whisky auf Islay sehr rauchig. Wobei jede Distillery stolz auf ihren eigenen »Taste« ist. Wer zur Whiskyprobe schreitet, ist übrigens gut beraten, sein Motorrad stehen zu lassen. Denn auf Islay ist es wie in jeder Destille Schottlands Brauch, den Rundgang mit einem Probeschluck zu beenden Und das Ganze mal acht. Wie gelangt man nach Islay? Von Kennacraig auf der Halbinsel **Kintyre** benötigt die Fähre zwei Stunden bis **Port Ellen**.

Isle of Arran

Obwohl die zwischen dem Festland und der Halbinsel Kintyre liegende Insel offiziell nicht zu den Inneren Hebriden gehört, ist sie einen Besuch wert. Denn Arran ist so eine Art Miniaturausgabe Schottlands. »Mehr als Arran muss man nicht sehen«, behaupten seine Bewohner. Die Insel bietet zerklüftete Berge, liebliche Täler, tiefe Lochs, einige Burgen und sogar Steinkreise aus der Bronzezeit. Alles fein säuberlich auf 32 mal 16 Kilometern verteilt. Ein überschaubares Terrain für eine Motorradtour. Und ein schöner Einstieg für Schottland-Neulinge, die auf Arran einen ersten Eindruck auf die bevorstehende Schottland-Reise bekommen.

Kurz-Check

Streckenlänge: ca. 600 km.
Charakter: Mittelschwer. Die vielen engen Single Roads erfordern hohe Aufmerksamkeit. Vor allem wegen der allgegenwärtigen Schafe.
Highlight: Die landschaftlich äußerst beeindruckende Runde um die Halbinsel Trotternish auf Skye.
Einkehr-Tipp: Die Hafenstädtchen Uig und Portree auf Skye mit ihren vielen hübschen Bars und Cafés.
Absolutes Muss: Die Insel Mull mit ihren feinsandigen Stränden und ihrer idyllisch gelegenen Hauptstadt Tobermory.

Mairs Geographischer Verlag, Ostfildern

Bevor der Schottland-Reisende auf seinem Weg nach Norden die Welt der Gebirge, die Highlands, betritt, trifft er zuvor noch auf die Grampian Mountains. Jenes Hochland, das seine abwechslungsreichen Hügel und Hochheiden allmählich gegen Süden hin ausrollt. Saftig grüne Flusstäler durchziehen die Region und geben ihr den Charakter eines großen Naturparks. Die Zahl der Schlösser ist in den Grampians geradezu inflationär, und an der Küste laden reizende Fischerorte zum längeren Verweilen ein.

Aberdeen, mit 200.000 Einwohnern Schottlands drittgrößte Stadt, ist ein guter Ausgangspunkt für eine Fahrt durch das Land der Berge und Burgen. Die Ölvorkommen der Nordsee lösten in Aberdeen einen Boom aus und verwandelten es innerhalb weniger Jahrzehnte von der grauen Küstenmetropole in die Stadt der Blütenpracht. »City of Roses« lautet daher ihr Beiname. Aberdeen ist zweigeteilt: Hier das Handelsviertel mit den grauen Granitbauten aus viktorianischen Zeiten, dort das Old Aberdeen, der unter Denkmalschutz stehende Teil, in dem heute viele Studenten leben. Aberdeens Sehenswürdigkeiten liegen entlang der Union Street, gleichermaßen Hauptgeschäftsstraße und Flanierboulevard.

Dunnottar Castle ist der erste Höhepunkt unserer Tour und liegt nahe des Küstenstädtchens **Stonehaven**. Schon aus einiger Entfernung ist das aus dem 14. Jahrhundert stammende Gemäuer sichtbar. Ein imposanter Anblick, denn nur aus der Distanz offenbart die 50 Me-

Schmale, einsame Sträßchen durchqueren die Hügel und Berge der Grampians.

Raue Schönheit

Die Grampian Mountains, eine sanft gewellte Bergregion
im Zentrum Schottlands, entführen den Reisenden
in die Welt der Könige, Gespenster und Castles.

ter über dem Meer auf einem Felsklotz thronende Ruine ihre Attraktivität. Deutlich zu sehen: Dunnottar Castle brauchte keine Festungsmauern. Ein schmaler Pfad, über den man heute noch balancieren muss, ist der einzige Zugang ins Innere der Festung. Über Jahrhunderte galt Dunnottar Castle als uneinnehmbar. 1651 belagerte Oliver Cromwell die Burg, weil dort die schottischen Reichsinsignien aufbewahrt wurden. Zwar konnte auch Cromwell Dunnottar Castle nicht stürmen, doch mussten die fast verhungerten Verteidiger nach acht Monaten mangels Nahrung aufgeben. Danach wurde es ruhig um die Festung, der Zerfall begann. Erst der italienische Regisseur Franco Zefirelli rückte Dunnottar Castle wieder ins Scheinwerferlicht, als er es 1990 zur Kulisse seiner Hamlet-Verfilmung machte.

Weiter auf der A 92 in südlicher Richtung. Bei **Johnshaven** biegt ein Sträßchen nach **Laurencekirk** ab. Das Landschaftsbild ändert sich nun. Die sanften Erhebungen an der Küste weichen einer Berglandschaft. Von den fruchtbaren Wiesen und Feldern in der Ebene ist bald nichts mehr zu sehen. Ist es an der Küste der Fischfang, der für die Menschen neben etwas Tourismus den wichtigsten Erwerbszweig stellt, so sichern im Hinterland Schafe und Rinder das Einkommen. Im Sommer gibt es in vielen Dörfern kleinere Viehmärkte. Dabeistehen und zuhören macht viel Spaß. Verstehen wird der Fremde jedoch nur wenig. Denn der harte schottische Akzent mit seinem rollenden »r« ist eine harte Nuss.

Von **Fettercairn** aus führt die B 974 Richtung Norden nach **Banchory**. Immer tiefer geht es nun in die Berge hin-

Auf seinem Felsklotz thronend, galt Dunnottar Castle jahrhundertelang als uneinnehmbar.

Die Leuchttürme sind die Schnittstelle zwischen den Grampian Mountains und dem Meer.

ein. Die Landschaft wird rauer. Nur noch Schafe finden auf dem kargen Boden genügend Futter. Selbst in den Sommermonaten weht hier oben ein kühles Lüftchen. Ein paar Meilen östlich von Banchory liegt an der A 93 **Drum Castle**. Der Turm des Schlosses wurde 1286 erbaut und zählt damit zu den ältesten in Schottland. Den Mauern des benachbarten **Crathes Castle** kann er jedoch nicht das Wasser reichen. Dieses Schloss gilt als eines der schönsten schottischen Tower-Houses. Es verfügt über ein eigenes Gespenst, die so genannte Green Lady, und einen großartigen Park.

Auf den nächsten Kilometern wirft die A 93 immer wieder einen Blick auf den River Dee. Straße und Fluss spielen miteinander Verstecken. Im Gegensatz

➤ **T i p p**

Das Gespenst von Crathes Castle
Vor den Toren der Stadt Branchory liegt Crathes Castle. Das zählt zu den schönsten Schlössern Schottlands und kann mit einem richtigen Gespenst aufwarten. Es handelt sich um die Green Lady, die seit dem 18. Jahrhundert in den Gemäuern ihr Unwesen treibt. Viele Menschen wollen die Green Lady bis heute schon gesehen haben. Und alle beschwören, dass sie dabei stets ein Baby im Arm trug. Als Beweis für die Existenz des Gespenstes wird angeführt, dass man im Green Lady Room des Schlosses vor langer Zeit das Skelett eines Babys gefunden habe.

zu den Höhen der Grampian Mountains ist das Tal des Dee dicht bewaldet. In **Aboyne** zweigt rechts die B 9094 nach **Tarland** ab. Dort wird es prähistorisch. Wir folgen den Hinweistafeln und stehen bald vor einer Wiese, auf der mystische Steinkreise errichtet sind. Exakt nach den Himmelsrichtungen ausgerichtet. Des Rätsels Lösung: Vor Jahrtausenden war dies eine Kultstätte der Ureinwohner Schottlands.

Auf der A 97 geht es wieder hinauf in die Höhenlagen der Grampians. Das Grün verschwindet, statt Gras gibt es nur noch Heidekraut zu sehen. Aus dem lauen Lüftchen im Dee-Tal wird ein kalter, böiger Wind. Vor **Strathdon** trifft die A 97 auf die A 944. An der Kreuzung führt ein kurzer Abstecher nach rechts Richtung Huntly zu zwei sehens-werten Castles: den Ruinen von **Glenbuchat Castle** sowie **Kildrummy Castle**. Letzteres ist der ehemalige Stammsitz des Earl of Mar.

Die A 939 serviert uns auf ihrem Weg zurück ins Dee-Tal noch einmal Grampians pur. Knackige Steigungen mit fast 20 Prozent würzen die Strecke. Es geht über schroffe Höhen, die Luft wird immer kühler. Bei schlechtem Wetter sollte man die Höhenlagen der Grampians nicht unterschätzen.

Die Etappe zwischen **Ballater** und **Braemar** ist nicht nur das landschaftlich reizvollste Stück des Dee-Tals, sondern zählt zu den hübschesten Tälern Schottlands überhaupt. Der dichte Wald, der gurgelnde Fluss, die Bergflanken – das alles ergibt eine äußerst malerische Gesamtkomposition.

Charakteristisch: Der malerische Ort Tarland vor der typischen Bergkulisse der Grampians.

Wer den Sonntagsgottesdienst von Braemar besucht, wird sich wundern, weshalb die Kirche bis zum letzten Platz besetzt ist. Ein Ort voller Gläubiger? Nein, der Andrang hat einen anderen Grund: Die Beter hoffen, der königlichen Familie zu begegnen. Die verbringt nämlich im nahen **Balmoral Castle** einen Großteil des Sommers. Und wenn die Royals da sind, lassen sie es sich nicht nehmen, in Braemar den Gottesdienst zu besuchen. Aber auch ohne Königin & Co. ist Balmoral Castle einen Besuch wert. Man darf einen Teil seiner Räume besichtigen und ungestört durch die weitläufigen Parkanlagen streifen.

Von Braemar verläuft die A 93 in südlicher Richtung und steigt nach einigen Kilometern zum **Devil's Elbow** auf. Auf dem 665 Meter hohen Pass wartet ein

großartiger Rundblick über die Grampian Mountains, deren höchste Gipfel mitunter die 1.000-Meter-Marke knacken. Vom Ellbogen des Teufels führen Skilifte zum 993 Meter hohen Cairnwell.

Gut ausgebaut und herrlich kurvig stürzt sich die A 93 nun talwärts. Fahrspaß im Großformat. Ab dem Weiler **Spittal of Glenshee** folgt sie dem Flüsschen Black Water, das einige Etagen tie-

Bed and Breakfast – wohnen bei Muttern.

➤ *T i p p*

Schottische Kraftmeierei

Spötter nennen sie eine »folkloristische Mischung aus nationaler Kraftmeierei, touristischem Kalkül und eingeborener Festfreude« – die Highland Games. Ihren Ursprung haben sie im 12. Jahrhundert, als der schottische König Malcolm III. seine Soldaten zur sportlichen Ertüchtigung antreten ließ. Die Sieger erhielten nicht nur den »Baldric«, einen Gürtel mit dem königlichen Wappen in der Schnalle, sondern wurden auch in die Leibgarde des Königs aufgenommen. Noch heute bestehen die Games aus denselben Disziplinen wie vor 900 Jahren: Baumstämme werfen, Felsbrocken stemmen, Eisenkugeln schleudern, Seilziehen und einem sechs Meilen langen Wettlauf einen Berg hinauf. Man nimmt an, dass die Highland Games in dem Ort Braemar ihren Ursprung haben. Dort geht auch die bekannteste Variante der im ganzen Land zahlreich stattfindenden Spiele über die Bühne. Wegen der Nachbarschaft zur königlichen Sommerresidenz Balmoral wohnen nämlich die Royals stets den Braemar Games bei.

fer vor sich hinplätschert. Am nächsten Abzweig ist **Pitlochry** ausgeschildert. Das 3.000 Einwohner zählende Städtchen ist einer der bekanntesten schottischen Luftkurorte. Im Tal des River Tummel gelegen, ernährt Pitlochry seine Einwohner schon seit den Zeiten Königin Victorias durch den Tourismus. Seine Hauptstraße ist gesäumt von Souvenir-Shops, Outdoor-Läden und Fish & Chips-Buden. Attraktion Nummer eins ist die Lachsleiter, die neben dem ca. 20 Meter hohen Damm des River Tummel errichtet wurde. Dort klettern jedes Jahr zwischen Mai und September über 5.000 Lachse durch insgesamt 18 miteinander verbundene Bassins Richtung Laichgründe. Auch wenn sich hier immer viele Besucher drängeln – eine Visite lohnt sich. Ein reizvoller Abstecher führt zum nur wenige Fahrminuten

Kurz-Check

Streckenlänge: *ca. 450 km.*
Charakter: *Leicht bis mittel. Gut ausgebaute, breite Straßen wechseln ab mit schmalen Fahrbahnen. Durchweg gute Oberflächenbeschattenheit.*
Highlight: *Das Tal des Flusses Dee zwischen Ballater und Braemar.*
Einkehr-Tipp: *In Pitlochry herrscht eine immense Auswahl an Cafés, Pubs und Restaurants. Je nach Geschmack und Preislage findet man hier auf jeden Fall etwas.*
Absolutes Muss: *Ein Besuch bei dem Schlossgespenst von Crathes Castle.*

nördlich gelegenen **Blair Atholl**. Dort steht das schneeweiße **Blair Castle**. Errichtet wurde es um 1269, seine heutige Form erhielt es 1869: Der Duke of Atholl ließ es in dem damals beliebten Baronial-Style renovieren. In der Gemäldesammlung des Schlosses befindet sich eines der wenigen Originalbildnisse von Maria Stuart.

Gleich hinter dem Ortsschild von Pitlochry hat uns die Ruhe der Grampians wieder. Es geht an dem reizenden **Loch Tummel** entlang. Königin Victoria liebte den Ausblick auf diesen kleinen See über alles. Die Stelle, von der sie 1866 begeistert das Panorama genoss, heißt Queen's View und ist auch etwas für Nichtadlige. Kilometer um Kilometer folgt eine Straße dann dem Ufer von **Loch Rannoch**. Je weiter in Richtung Westen, desto einsamer die Gegend. Schließlich endet die Fahrbahn in einer Sackgasse am wohl einsamsten Bahnhof Großbritanniens.

Er heißt **Rannoch Station** und liegt am Ende der Welt. Ein einzelnes Gebäude in der Mitte vom Nichts. Nicht die Spur einer menschlichen Siedlung weit und breit. Da drängt sich die Frage nach der Berechtigung von Rannoch Station auf. Es sind vor allem Wanderer, die sich von hier aus aufmachen, um die Grampians zu durchstreifen.

Für die Rückfahrt nehmen wir die Südseite von Loch Rannoch, klinken uns auf die B 846 ein und fahren vorbei an Menzies Castle nach **Aberfeldy**. Eine wunderschöne Nebenroute. Kleine Abzweige führen nach rechts zu **Loch Tay**. Über **Crieff** und **Muthill** geht es nach Süden. Die raue Schönheit der Grampian Mountains bleibt hinter uns zurück.

Der Große Graben

Die Region entlang des Kaledonischen Grabens ist eine
der malerischsten Gegenden Schottlands. Wer Wasser mag,
ist im Revier der Seen, Kanäle und Schleusen goldrichtig.

Der Kaledonische Graben, von den Schotten »Great Glen« genannt, entstand vor rund 400 Millionen Jahren, als sich die Kontinente verschoben. Er durchschneidet das schottische Hochland von Nordosten nach Südwesten und verbindet die Nordsee mit dem Atlantik. Den Reisenden erwarten hier bezaubernde Seen, freundliche Dörfer, alte Legenden und eine ordentliche Portion schottischer Geschichte. Die Fahrt durch das urzeitliche Tal ist ein Muss und gehört zum Malerischsten, was Schottland zu bieten hat.

In den Highlands enden alle Straßen in **Inverness**. Für die auf einer Fläche von 2,5 Millionen Hektar Land verstreuten Menschen ist die 40.000 Einwohner zählende Stadt Verwaltungs-, Wirtschafts- und Kommunikationszentrum. Ihre Einwohner wussten die strategisch günstige Lage an der Mündung des Caledonian Canal zu nutzen und waren stets wohlhabend. Ein paar Meilen östlich von Inverness wurde allerdings auch der schottische Traum von Unabhängigkeit begraben: Bei **Culloden**, einem Streifen Moorland, schlugen am 16. April 1746 überlegene englische Truppen die Highlander von Bonnie Prince Charlie in einem blutigen Gemetzel. Der letzte Thronanwärter der Stuarts konnte nur mit knapper Not flüchten, Jahrzehnte der Unterdrückung durch die Engländer folgten.

Wer Inverness auf der A 82 verlässt, gelangt zu einem Wahrzeichen Schottlands: **Loch Ness**. Dieser herrlich in die

Das Glenfinnan Monument am Loch Shiel. Hier ging Bonnie Prince Charlie an Land, um die Engländer aus Schottland zu vertreiben.

Landschaft eingebettete See wird leider in erster Linie mit dem gleichnamigen Ungeheuer in Verbindung gebracht und nicht mit seiner traumhaften Lage. Loch Ness ist rund 40 Kilometer lang und fast 300 Meter tief. Durch das trübe Wasser dringt kaum Tageslicht, nach zwei Metern herrscht völlige Dunkelheit. Das ideale Terrain für ein Versteckspiel und ein passender Ort, um Mythen und Legenden entstehen zu lassen. In dem Ort **Drumnadrochit** nimmt das Ungeheuer von Loch Ness Gestalt an. Das dortige Exhibition Centre versucht mit Videos, Bildern und Modellen, die Existenz von Nessie zu belegen (täglich 9.00 bis 21.30 Uhr geöffnet).

Wer sich den Eintritt sparen und trotzdem etwas über Nessie erfahren möchte, dem sei ein Besuch im Pub empfohlen. Denn diese Orte sind der eigentliche Nährboden für die Geschichten vom Ungeheuer. Gerade an den Wochenenden, wenn Bier und Whisky etwas üppiger fließen, werden sie gerne und ausführlich erzählt. Mit etwas Glück gibt sich zu fortgeschrittener Stunde jemand zu erkennen, der einen kennt, der Nessie schon leibhaftig gesehen hat.

Ein Abstecher auf der A 831 führt uns von Drumnadrochit aus durch den Glen Urquhart nach **Cannich**. Ab dort geht es auf einer immer schmaler werdenden Fahrbahn tief in die Einsamkeit hinein. Dieses Tal zählt zu den ursprünglichsten Landschaften Schottlands.

Jetzt umschlingt die A 82 die **Urquhart Bay**, an deren Ende die Überreste des gleichnamigen Castles über Loch Ness thronen. Unter den Nessie-Jägern

Wie hier bei Fort Augustus, verfügt der Caledonian Canal über insgesamt 29 Schleusen.

Ein Kunststoffmodell des Ungeheuers von Loch Ness im Museum von Drumnadrochit.

zählt Urquhart Castle als bevorzugter Ansitz. Denn nirgendwo anders wurde Nessie öfter gesichtet als in der Umgebung dieser Ruinen.

Die A 82 folgt bis **Fort Augustus** eng dem Ufer von Loch Ness. Der sympathische Ort mit seinen knapp 500 Einwohnern liegt am südlichen Ende des Sees. In Fort Augustus treffen wir auf den **Caledonian Canal**. Vor über 200 Jahren wurde mit dem Bau dieser Schifffahrtsstraße zwischen Nordsee und Atlantik begonnen. Der Ingenieur Thomas Telford wollte damit den Frachtschiffen die stürmische Passage um Schottlands Norden ersparen. Er stattete seinen 6 Meter tiefen und bis zu 30 Meter breiten Kanal mit 29 Schleusen aus. Heutzutage nutzen vor allem Freizeit-Skipper den Caledonian Canal. Im Sommer herrscht an den treppenförmigen Schleusen reger Betrieb, und bei Creamtea lassen sich die Berg- und Talfahrten der Schiffe in einem der zahlreichen Cafés bestens beobachten.

Wer von Fort Augustus wieder zurück nach Inverness will, nimmt am besten die B 862. Das Sträßchen verläuft am Ostufer von Loch Ness und streift die Monadhliath Mountains, deren Gipfel zum Teil jenseits der 1.000-Meter-Marke liegen. Die Hauptroute verläuft jedoch weiterhin entlang der A 82, kreuzt den Kanal und erreicht kurz darauf **Invergarry**.

Der Great Glen wird nun immer tiefer und schmaler. Man ist mittendrin in dieser erdgeschichtlichen Furche. Zwei

> ➤ *T i p p*

Nessie lebt – oder doch nicht?

Das eigentlich Interessante an dem Wirbel um das Ungeheuer von Loch Ness ist die Tatsache, dass sich selbst Wissenschaftler nicht einig sind, ob das Tier tatsächlich lebt, oder ob es nur ein Produkt des berüchtigten Sommerloches der Presse ist. So gilt das Foto, das ein Amateurfotograf im Jahr 1933 von Nessie schoss, unter Fachleuten als eindeutig echt und nicht manipuliert. Ebenfalls authentisch sind Filmaufnahmen, die in den Jahren 1960 und 1970 vom Ungeheuer gemacht wurden. 1976 suchte ein amerikanisches Team von renommierten Wissenschaftlern den See mit Sonargeräten ab. Die Forscher orteten am Grunde von Loch Ness eine Anzahl großer sich bewegender Objekte. Dinosaurier? Theoretisch wäre es möglich. Denn, so die Amerikaner, als der See beim Abschmelzen der letzten Eiszeit entstand, könnte in seinen Fluten durchaus ein Saurier, ein so genannter Plesiosaurus, überlebt haben. Das tiefe, kalte Wasser mit seinen unzähligen Höhlen und Spalten ist ein idealer Lebensraum für ein solches Tier. Es hätte sich dort problemlos fortpflanzen können.

kleinere Seen kommen ins Blickfeld, **Loch Oich** und **Loch Lochy**. Kurz vor dem Ort **Spean Bridge** führt die Route über einen kleinen Pass. Dort steht das 1952 errichtete Commando Memorial. Es erinnert an die Spezialeinheiten, die während des 2. Weltkrieges im schottischen Hochland für ihre Einsätze trainiert wurden. Der Rundblick ist grandios. Besonders eindrucksvoll ist bei schönem Wetter der Blick auf den **Ben Nevis**. Der ist mit über 1.300 Metern der höchste Berg der Britischen Insel. Doch der Koloss ist launisch. Gerne versteckt er sich hinter einem dichten Vorhang aus Wolken. Damit brachte er schon so manchen Wanderer zur Verzweiflung, der vergebens auf einen klaren Tag wartete, um den Gipfelblick über die schottische Bergwelt genießen zu können.

Das nahe **Fort William** verdankt seinen Namen einer Festung, die einst den Zugang zum Great Glen kontrollierte. Der Ort steht ganz im Zeichen der Ben-Nevis-Besteigung und steckt voller Lä-

Das Glen Coe ist eines der wildesten Täler Schottlands

den, in denen man seine Wander- und Fotoausrüstung komplettieren kann. Interessanter sind da schon die Buchgeschäfte: Sie bieten jede Menge Literatur an, die die Schönheit der schottischen Bergwelt zeigt. Eine reizvolle Stichstraße führt von Fort William ins Ben-Nevis-Gebiet hinein.

Keine 25 Kilometer weiter, am Ufer von **Loch Linnhe**, wartet der Einstieg ins **Glen Coe**. Dieses Tal ist eines der

Am Pass of Glen Coe verschwindet ein Seitensträßchen in der schroffen Welt der Highlands.

Idyllischer kann man nicht mehr zelten. Die Campingplätze in Schottland haben viel Charme. Hier ein Zeltplatz direkt am Ufer von Loch Ness.

optischen Highlights dieser Tour. Bis zu 1.000 Meter erheben sich die Berge rechts und links der A 82. Dutzende von Wasserfällen stürzen in die Tiefe. Wilder ist Schottland nirgendwo. Gemeinsam mit der Straße schlängelt sich der River Coe durch das Tal. Ihren Höhepunkt findet die Fahrbahn auf dem **Pass of Glen Coe**, dem sie sich in weiten, übersichtlichen Kurven nähert. Auf dem Parkplatz steht oft ein Dudelsackpfeifer, der den akustischen Part der Gesamtstimmung übernimmt. Meist wartet dort auch ein alter Bedford-Bus, den sein Besitzer zur Teeküche umfunktionierte. Für uns Motorradfahrer ein Geschenk des Himmels. Denn an kalten, windigen Tagen – und die sind nicht selten im Tal von Glen Coe – weiß man ein solches wärmendes Heißgetränk zu schätzen.

Die Fahrt entlang des Kaledonischen Grabens ist eigentlich an Loch Linnhe zu Ende. Doch erwartet uns noch eine Rundfahrt der ganz besonderen Art: The Road to the Isles. Diese Route gilt als

➤ *T i p p*

Missbrauchte Gastfreundschaft

Der Ort Glencoe gehört zu den schwärzesten Kapiteln schottischer Geschichte. Vor mehr als 300 Jahren metzelten sich dort nämlich Schotten gegenseitig nieder. Fast der gesamte Clan der MacDonalds of Glencoe starb bei diesem Massaker, das die Campells anrichteten. Die wurden wiederum durch den Schottlandminister des englischen Königs William III. zu dieser Tat angestiftet. Die MacDonalds hatten wohl den Treueeid auf den König etwas zu spät geleistet. Grund genug, sie dafür zu bestrafen. Der kollektive Mord gilt als besonders heimtückisch, da die Mörder zuvor mehrere Tage lang die Gastfreundschaft der MacDonalds genossen, bevor sie in einer Nacht über sie herfielen. Der Missbrauch des alten schottischen Gastrechts war eine Ehrlosigkeit, die den Campells bis heute nachhängt.

eine der schönsten schottischen Panoramastraßen. Der Einstieg ist in **Fort William**. Wir klinken uns auf die A 830 ein, passieren **Loch Eil** und erreichen **Loch Shiel**. An diesem See begann, was im Moor von Culloden endete. Wo heute das Glenfinnan Monument steht, rammte am 19. August 1745 Bonnie Prince Charlie seine Standarte in den Sand. Nach Jahren im französischen Exil wollte er mit Hilfe der Clans den schottischen Thron zurückerobern und die Engländer ein für allemal aus den Highlands vertreiben. Wie dieser Traum endete, ist bekannt.

Ein anderes Monument ganz in der Nähe hat zwar keine so alte Geschichte, gelangte dafür aber zu Weltruhm: Das Viadukt der West-Highland-Bahnlinie. Sie führt von Fort William nach Mallaig und gilt unter Eisenbahnfreunden schon lange als eine der beeindruckendsten Linien des Landes. Seit das den River Finnan überspannende Viadukt jedoch

Kurz-Check

Streckenlänge: *ca. 600 km.*
Charakter: *Leicht. Fahrerisch und landschaftlich eine absolute Strecke für Genießer. Ordentliche Straßen mit gutem Belag.*
Highlight: *Die durch eine phantastische Küstenlandschaft führende Route nach Mallaig.*
Absolutes Muss: *Vom Commando Memorial bei Spean Bridge hat man einen traumhaften Blick auf den Ben Nevis.*

bei Harry Potter mitspielt, kennt es die ganze Welt.

Die restlichen Kilometer nach Mallaig sind Motorradspaß pur. Die Straße ist mit allem ausgestattet, was das Motorradfahren zu etwas Besonderem macht. Schmale Fahrbahn, viele Kurven, wenig Verkehr, tolle Ausblicke. In üppigen Rundungen räkelt sich die A 830 an der Küste entlang, kommt an weißen Stränden vorbei und erreicht schließlich das Fährörtchen **Mallaig**.

Wir fahren zurück bis **Inverailort**, wo die A 861 nach Süden abzweigt. Auch diese Etappe schlängelt sich entlang der Küste. Immer wieder gehen von ihr kleine Straßen ab und verschwinden im Nichts. Man sollte ihnen einfach folgen und sich treiben lassen. Sich Zeit nehmen, diese hinreißende Felsen- und Dünenlandschaft zu erkunden. Wer viel Muße mitbringt, kann bis zum Aussichtspunkt Point of Ardnamurchan hinausfahren. Ein Tipp: Wer weiter zu den Inneren Hebriden möchte: Kurz hinter **Strontian** geht es rechts ab auf die A 884 nach **Lochaline**, wo die Fähre nach Mull ablegt.

Durch den **Glen Tarbert** geht es zurück zu Loch Linnhe. Jetzt gibt es zwei Alternativen. Die erste: Man fährt nach **Corran** und schippert mit einer kleinen Fähre über die Corran Narrows hinüber zur A 82. Von dort sind es nur noch wenige Kilometer bis Fort William. Variante zwei: Man bleibt am Westufer und folgt weiter der A 861. Herrliche Ausblicke über Loch Linnhe hinüber zum Ben Nevis tun sich nun auf. Zum Schluss geht es einmal um Loch Eil herum, und ein paar Meilen später ist **Fort William** erreicht.

Sonntags nie. Das Wichtigste, was der Besucher auf den Äußeren Hebriden lernt, ist die Bedeutung der Sonntagsruhe. Am Sonntag geht nämlich auf den Inseln Lewis, Harris, North und South Uist, Benbecula und Barra nichts. Rein gar nichts. Busse, Taxis, Fähren stehen still; Banken, Geschäfte, Tankstellen sind geschlossen. Wer dann unter Zeitnot und mit einem Tiefdruckgebiet im Nacken am Fähranleger steht und erst dann merkt, dass Sonntag ist, der hat die große Niete gezogen.

Apropos Tiefdruckgebiet: Die Äußeren Hebriden gelten als die Wetterküche Schottlands. Nicht nur Romantiker und Naturliebhaber ziehen sich gerne in die Abgeschiedenheit der »Western Isles« zurück. Auch die Elemente kommen hierher, um sich so richtig auszutoben. Man sollte sich bezüglich des Wetters also auf einiges gefasst machen.

Isle of Barra

Die Reise in die Welt der Sonntagsruhe und der Wettertöpfe dauert nicht einmal fünf Stunden. So lange braucht die Fähre von **Oban** nach Barra, zur südlichsten Insel der Äußeren Hebriden. Der Kai von **Castlebay** ist eine von zwei Verbindungen zur Außenwelt. Die andere ist der Flughafen. Dessen Landebahn liegt am Strand von Traigh Mor. Aus diesem Grund richtet sich der Flugplan nicht nach dem Bedarf, sondern nach den Gezeiten.

Die Hafeneinfahrt von Castlebay wird von **Kisimul Castle** bewacht. Trotzig

Reetgedeckte Häuser der Fischer und Schafzüchter – wie hier auf South Uist – sind typisch für die Äußeren Hebriden.

Schottlands Wetterküche

Die Inseln der Äußeren Hebriden bilden die westlichste Spitze
Schottlands. Völlige Abgeschiedenheit, eine rüde, wilde Natur
und ein überaus launisches Wetter prägen diesen Außenposten.

Da das Wetter die Fahrpläne mitbestimmt, kommt es an den Fähranlegern oft zu Wartezeiten.

versperrt der alte Stammsitz der Mac-Neils den Weg. Post, Supermarkt, Hotel, eine handvoll Häuser und ein Pub – das ist Castlebay. Ein Kleinod wie auch die Insel Barra selbst. Karge Hügel, weiße Strände, schroffe Felsen und über 1.000 verschiedene Arten von Wildblumen gibt es hier. Diese lassen Barra im Sommer wie ein bunter Teppich aussehen, der im Atlantik schwimmt. Auch sprachlich bewegt sich Barra auf keinem weltlichen Terrain: Nirgendwo anders wird Gälisch so gepflegt wie hier.

Gerade einmal 22 Kilometer misst die Ringstraße um Barra, und doch kann die Umrundung der Insel den ganzen Tag dauern. Die Strände, deren strahlend weißer Sand mediterranes Flair verbreitet, muss man höchstens mit einigen Möwen teilen. Mit etwas Glück lassen

sich draußen im Meer sogar Seehunde beobachten. Die meisten der 1.100 Bewohner von Barra meinen, dass sich die weiteren 200 Kilometer bis hinauf zur Nordspitze von Lewis nicht lohnten. Barra könne alles bieten, was die Äußeren Hebriden zu zeigen hätten. Aha. Dieser kühnen Behauptung sollten wir auf den Zahn fühlen.

Isle of South Uist

Knapp zwei Stunden braucht die Fähre von **Castlebay** nach **Lochboisdale** im Süden von South Uist. Wie eine Lebensader zieht sich die A 865 von Süden nach Norden durch die Insel. Ab und zu zweigen Seitensträßchen ab, die früher oder später an einsamen Bauernhöfen oder am Wasser enden. Ein Schild weist auf das Youth Hostel in **Tobar Mor** hin.

Die kleine Herberge ist eine Art Fluchtburg für Reisende, die hier bei den typischen schnellen Wetterwechseln Schutz
suchen. Denn im Gegensatz zu den In-
sulanern lassen sich die Urlauber vom
Hebridenwetter schon noch überra-
schen. Anne, die Herbergsmutter, freut
sich über jeden windig-grauen Tag ohne
Regen. »What a nice day«, fährt es ihr
dann heiter aus dem Mund, und ihre
Freude über die Trockenheit steckt an.
Die Gebieterin über die Betten kann sich
in der Hochsaison über Gästemangel
nicht beklagen. Oft spült der Regen
durchnässte Wanderer, Radfahrer oder
Biker in das kleine reetgedeckte Hostel.
Das kann neben der urigen Atmosphäre
mit einem sehr guten Preis-Leistungs-
Verhältnis aufwarten.

Isle of Benbecula

Über einen langen Damm geht es hinüber nach Benbecula. Irgendwann zweigt
die B 892 links ab und führt direkt zum
Meer. Totale Stille erwartet uns. Stress-
freie Zone. Nichts stört die Ruhe und
Abgeschiedenheit dieses Fleckchens Erde. Kommt es schon auf der Hauptroute
selten zu motorisierten Begegnungen,
tendiert das Verkehrsaufkommen auf
den Nebenstraßen gegen Null. Man ist
mit sich und den Elementen allein. Nur
einige Crofter-Häuser heben sich als
weißgraue Farbkleckse aus den grünen
Wiesen hervor. Ein Croft ist ein Pacht-
grundstück, das so klein ist, dass eine
zweite Einkommensquelle nötig ist, um
den Lebensunterhalt zu sichern. Alle
Crofter fischen deshalb oder züchten
Schafe. In Schottland sind insgesamt
17.000 Crofts registriert, die meisten in
den Highlands und auf den Inseln.

Isle of North Uist

Ein weiterer Damm bringt uns zur Insel
North Uist. Sie verfügt über zwei Le-
bensadern – die uns schon bestens be-
kannte A 865, die Richtung Westen abzweigt und die A 867, die direkt nach
Lochmaddy führt. Mit 300 Einwohnern
ist das Dorf die Metropole von North
Uist und bietet alles, was die Menschen
brauchen: Post, Supermarkt, Bank, Pub,

> ➤ *Tipp*

Strandgut mit Promille

*Das Jahr 1941 gilt für die Bewohner von
South Uist heute noch als das Jahr des
Wunders. Damals lief während eines hef-
tigen Sturmes an der Südspitze der Insel
der Frachter »Politician« auf Grund. An
Bord befanden sich unter anderem
20.000 Kisten Whisky. Die Insulaner grif-
fen sofort zu und brachten die wertvolle
Fracht – nach den Gesetzen der See völlig legal – in Sicherheit. Danach, so wird
erzählt, seien die Äußeren Hebriden für
mehrere Wochen im Alkoholrausch ver-
sunken. Gerüchte sagen, dass viele Fa-
milien noch heute von diesem unerwar-
teten Geschenk des Meeres zehren.
Außerdem sollen nach wie vor Flaschen
an die Südspitze von Uist gespült werden. Wer sein Glück versuchen und im
Schlick zwischen den Inseln Eriskay und
South Uist nach Whisky buddeln möchte, muss etwa drei Kilometer hinter Lochboisdale von der A 865 auf die B 888 ab-
biegen. Diese Straße führt südlich in
Richtung Pollachar und endet kurz hinter Ludag. Dort kann die alkoholische
Suche beginnen.*

Tankstelle sowie eine Verbindung zur Außenwelt. Am Kai legen die Fähren nach Uig auf der Isle of Skye ab.

Hinter Lochmaddy genießen wir die ersten Schräglagen dieser Tour auf den Äußeren Hebriden. Es geht an Seen vorbei, der Asphalt schwingt sich durch eine sanfte Hügellandschaft. Immer wieder tun sich Ausblicke auf die Küstenlinie der Insel auf. Für den einen oder anderen Adrenalinstoß sorgen, wie so oft in Schottland, die Schafe. Die gelten auf North Uist als gleichberechtigte Verkehrsteilnehmer, beachten allerdings keinerlei Regeln. Nach etwa 20 Kilo-

Die schnellen Wetterwechsel sorgen auf den Inseln für dramatische Farbenspiele und einzigartige Stimmungen.

metern erreichen wir mit **Tighary** den westlichsten Punkt der A 865. Dort hat das Meer eine Höhle in den Felsen genagt, durch die bei Sturm bis zu 60 Meter hohe Wasserfontänen schießen.

Isle of Harris

Der Fähranleger nach Leverburgh auf Harris liegt weit draußen auf der kleinen Insel Berneray, die seit kurzem mit North Uist durch einen Damm verbunden ist. Ein kleines Café nahe dem Anleger verkürzt die Wartezeit. Das Meer ist hier oben unberechenbar und macht die Einhaltung des Fahrplans mitunter schwierig. Aber der beheizte Raum des Cafés wärmt die Glieder, und die selbst-

> ➤ **Tipp**

Tweed – besser als Kunstfaser

Wer Harris durchstreift, wird immer wieder kleine Schilder entdecken, die auf »Harris Tweed« hinweisen. Das ist der einzige Exportschlager der Äußeren Hebriden. Mehr als 200 Handweber gibt es allein auf Harris. Meistens sind es ältere Frauen, die an den Webstühlen sitzen. Das Weben von Tweed ist jedoch eine aussterbende Handwerkskunst, da der Nachwuchs fehlt. Die jüngere Generation kehrt den Western Isles den Rücken, um der Abgeschiedenheit zu entfliehen. Harris Tweed, so sagt man, sei der Beste. Nirgendwo sonst werde das Tuch so dicht gewebt wie hier. Wetterfest und sturmerprobt, bietet dieser Stoff noch heute jeder Kunstfaser die Stirn.

gebackenen Scones mit Cream sind gut für die Seele.

Harris ist ganz anders als die südlich gelegenen Inseln. Die sind im Westen flach und im Osten geprägt durch sanfte Hügel. Harris jedoch hat schon fast alpinen Charakter. Seine Berge wirken schroff und dominant. Die Leute auf Barra hatten also doch nicht Recht. In **Leverburgh** steht eine Entscheidung an. Rechts oder links weiter? Rechts zirkelt eine enge Single Road an der Ostküste entlang. Jede Menge Kurven, tolle Aussichten. Die Fahrbahn ist so winzig, dass es selbst auf dem Motorrad bei Gegenverkehr knapp wird. Wer in Leverburgh nach links fährt, folgt der etwas breiteren A 859, die wunderschöne Ausblicke auf die Westküste bietet.

Dort öffnet sich kurz hinter dem Weiler **Horgabost** eine weitläufige Bucht. Auf der vorgelagerten Landzunge lässt es sich idyllisch und kostenfrei zelten. Der weiße Strand und das blaue Meer sorgen für südliche Stimmung. Gegenüber liegt die Insel **Taransay**. Sie war Schauplatz der britischen Dokusoap »Castaway«, in der die Teilnehmer mehrere Monate lang der Natur und den Mitbewohnern trotzen mussten.

Weiter nach **Tarbert**, dem Hauptort von Harris. Kurve an Kurve folgt, sogar ein kleiner Pass kommt unter die Räder. Nicht besonders hoch, aber immerhin.

Die vielen Nebensträßchen auf Harris wecken den Forschergeist. Sie enden nicht wie auf South Uist schon nach wenigen Kilometern, sondern schlängeln sich an der Küste entlang oder erklimmen die karge Berglandschaft. Die B 887 beispielsweise, die ca. drei Kilometer hinter Tarbert Richtung **Hushinish** abzweigt, hat beides zu bieten: rechts die Berge, links das Meer.

Isle of Lewis

Unauffällig findet der Übergang nach Lewis statt. Eigentlich bemerkt man ihn gar nicht. Die A 859 hält stoisch auf **Stornoway**, den größten Ort der Inselkette, zu. Stornoway hat hübsche bunte Häuserfronten und einen geschäftigen Hafen. Auf dem Weg dorthin weist ein Schild auf Relikte einer längst vergangenen Epoche hin: Wer der A 858 folgt, erreicht nach einigen Meilen die »Standing Stones« von **Callanish**. Diesen 48

Monolithen, die vor rund 5.000 Jahren aufgestellt wurden, messen Archäologen nahezu die gleiche Bedeutung zu wie dem Steinkreis von Stonehenge im Süden Englands.

Von Callanish sind es noch knapp 35 Kilometer zum **Butt of Lewis**, dem nördlichsten Punkt der Äußeren Hebriden. Auf dem Weg dorthin gibt es einige Kuriositäten zu sehen. So zum Beispiel ei-

An stürmischen Tagen wird die Fahrt zur Herausforderung

ne große Blauwalrippe direkt in einem Garten. Oder das Black House Museum in **Arnol**. Die Black Houses waren kleine Häuser ohne Schornsteine. Das Torffeuer, das meist in der Mitte brannte, wärmte nicht nur den Raum, sondern färbte auch die Wände schwarz, da der Ruß nicht abziehen konnten (Montag bis Samstag 9.30 bis 18.30 Uhr).

An stürmischen Tagen kann die Fahrt mit dem Motorrad zum Butt zur Herausforderung werden. Denn wenn der Wind gegen die Küste anrennt, hat er meistens viel Regen im Gepäck. Dann ist das Doune Braes Hotel mit seinem Pub eine gute Adresse. Es steht ca. sechs Kilometer hinter den Standing Stones im Ort **Carloway**. Die große Besonderheit: Der Pub hat sogar sonntags geöffnet. Denn wie wir wissen, macht die gesamte Inselwelt im Atlantik sonntags Pause und das öffentliche Leben kommt zum Erliegen. Wohl dem, der das weiß.

Ein paar Stunden später stehen wir in **Stornoway** am Anleger der Fähre rüber zum Festland. Doch die Fähre kommt und kommt nicht. Verdammt! Heute ist ja Sonntag!

Kurz-Check

Streckenlänge: ca. 450 km.
Charakter: Leicht bis mittelschwer. Fast ausschließlich kleine flache Straßen mit geringem Verkehr. Der starke Wind kann mitunter für Unruhe sorgen.
Highlight: Die Westküste von Barra mit ihren herrlichen Sandstränden.
Einkehr-Tipp: Der urgemütliche Pub im Doune Braes Hotel im Ort Carloway auf Lewis.
Absolutes Muss: Die prähistorischen Standing Stones auf der Insel Lewis.

© Mairs Geographischer Verlag, Ostfildern

Weltenbummler

Nord- und Ostküste im schottischen Hochland sind zwei völlig unterschiedliche Landschaften. Derb und zerklüftet die eine, mild und beschaulich die andere. Eine abwechslungsreiche Rundtour verbindet beide Welten.

Wer von Inverness auf der A 9 in Richtung Norden fährt, ist zunächst etwas überrascht. Überrascht, weil er sich den wilden schottischen Norden ganz anders vorgestellt hat. Pure Natur, die letzte Wildnis Europas. So heißt es. Stattdessen gibt es links und rechts der Straße grüne Wiesen, saftige Felder und sanfte Hügel zu sehen. Stimmt hier etwas nicht? Keine Bange, alles hat seine Richtigkeit. Denn wir befinden uns an der Ostküste der nördlichen Highlands. Und die zeigt einen eher beschaulichen Charakter. Ganz im Gegensatz zum Landesinneren und zur Nordküste, wo es wesentlich herber und kerniger zugeht. Der Norden – das ist das Land der zwei Welten.

Seit ein paar Jahren überspannt eine Brücke zur **Black Isle** den Moray Firth. Auf dieser Halbinsel nordwestlich von **Inverness** verlassen wir die A 9 und zweigen auf die A 832 Richtung **Muir of Ord** ab. Der Ort ist ein uralter Sammelplatz für die Schafherden aus dem Hochland. Große Abtriebe gibt es heute zwar nicht mehr, doch findet hier immer noch die Black Isle Show statt, eine der wichtigsten landwirtschaftlichen Ausstellungen in Schottland. Außerdem besitzt Muir of Ord eine der nördlichsten Whiskybrennereien Schottlands.

Zurück auf der A 9, folgen wir den nächsten Meilen dem Cromarty Firth. Die Landschaft macht einen gutmütigen Eindruck. Wiesen und Felder zwischen Hügeln bestimmen das Bild. Schottland von seiner sanften Seite. Doch bereits

Einsamkeit auf dem Weg nach Durness: Eine Telefonzelle mitten in der Hochheide der nördlichen Highlands.

kurz hinter **Tain** verabschieden wir uns vom Idyll und dringen auf der A 836 ins Landesinnere vor. Ein Stück nach **Bonar Bridge** steht auf einem Felsen hoch über dem Flüsschen Kyle of Sutherland das gut erhaltene **Carbisdale Castle**. Diese malerische Burg ist für schottische Verhältnisse noch recht jung. 1910 von der Witwe des Herzogs von Sutherland erbaut, dient sie heute als Jugendherberge. Ganz in der Nähe rauscht übrigens das Wasser der **Falls of Shin** zur Erde, dem landschaftlichen Höhepunkt des wildromantischen Shin-Tals.

Spätesten jetzt übernimmt der wilde Norden die Regie. Vorbei ist es mit den fruchtbaren Höhen und Tälern der Küstenregion. Schon seit einigen Kilometern hat sich die karge Vegetation des Hochlands breit gemacht. Nur das anspruchslose Heidekraut hält sich auf diesem nährstoffarmen Boden. Selbst die

Oasen der Ruhe: Einsame Strände und kantige Klippen prägen das Bild der Nordküste.

Schotten zieht es nicht unbedingt hierher. So kann man ab **Lairg** erst wieder an der Küste von nennenswerten Ansiedlungen sprechen. Dazwischen stehen eine Handvoll Farmen, deren Lebensgrundlage die Schafzucht ist. Auch die sonst allgegenwärtigen B&B-Schilder fehlen hier. Ob die Farmer annehmen, die Urlauber würden am nördlichen Hochland nichts finden? Falls sie das glauben, liegen sie falsch. Denn nirgendwo ist Schottland wilder und ursprünglicher als in dieser einsamen Gegend. Die Natur hier oben lehrt uns Ehrfurcht. Bei Sturm erhalten wir eine kleine Ahnung davon, wie erbarmungslos die Elemente sein können.

Gleich hinter Lairg gabelt sich die Straße. Wir folgen der A 836 weiter in Richtung Norden. Als Single Road kringelt sie sich in Form eines schmalen Asphaltstreifens durch die Welt des Highlanders. In dieser Welt wurde die Einsamkeit erfunden. Die Hochheide und der Wind bilden die Kulisse, das Brum-

![Küstenlandschaft mit Haus und Motorradfahrer](...)

Die meisten Sträßchen links und rechts der Hauptroute enden als Sackgassen am Meer.

men des Motors ist das einzige Geräusch. Unterbricht man die Zündung, herrscht vollkommene Stille. Nach ca. 35 Kilometern das erste Anzeichen von Zivilisation. **Altnaharra** heißt das Dorf. Es ist klein. Wobei die Bezeichnung klein für Altnaharra schon zu groß ist.

Direkt nach dem Ort links ab. Wer bisher dachte, einsamer geht es nicht, wird eines Besseren belehrt. Die Route führt an **Loch Meadie** vorbei, danach schiebt sich der fast 1.000 Meter hohe Ben Hope ins Blickfeld. Der mächtige Berg dominiert seine Umgebung vollständig. Dun Dornaigil Broch taucht auf. Das kreisrunde und über fünf Meter hohe Gemäuer stammt aus der Eisenzeit. Über seinen Sinn und Zweck ist sich die Wissenschaft nicht einig. Neben seiner Funktion als Fluchtburg könnte es auch als Kultstätte gedient haben.

➤ *Tipp*

Das schottische Baden-Baden

*Ein paar Meilen landeinwärts vom Cromarty Firth liegt der Ort **Strathpeffer**. Seine Popularität hat etwas mit Wasser zu tun, denn seit im 19. Jahrhundert seine Schwefelquellen entdeckt wurden, ist Strathpeffer zum beliebtesten Kurort der britischen Insel aufgestiegen. Am Square in der Ortsmitte kann man sich auch im Vorbeifahren etwas Gutes tun und einen Schluck des gesunden Wassers probieren. Auch ein paar Schritte durch den Ort zu spazieren, lohnt sich. Viele hübsche Häuser zeugen von der guten alten Zeit, die Strathpeffer in früheren Jahrzehnten durchlebte. Auffällig ist, dass die Gebäude hier wesentlich üppiger ausfallen als im restlichen Schottland.*

Auf den kargen, nährstoffarmen Böden fühlen sich nur die Schafe und das Heidekraut wohl.

Während wir am idyllischen **Loch Hope** vorbeifahren, streifen unsere Stiefel gewaltige Farne, die das schmale Sträßchen teilweise überwuchern. An **Loch Eriboll** angelangt, gilt es eine Entscheidung zu treffen. Entweder rechts ab in Richtung Thurso oder links ab nach **Durness**. Keine Frage, der Abstecher nach Durness muss sein. Der Ort am nordwestlichsten Winkel Schottlands ist Luftlinie zwar nur ein paar Kilometer entfernt, doch die Straße dorthin zieht sich ganz schön. Sie folgt nämlich in einem ständigen Auf und Ab mit vielen Kurven der Küstenlinie von Loch Eriboll. Schottlands tiefster Meeresarm war im 2. Weltkrieg ein wichtiger Marinestützpunkt der Alliierten. Die abwechslungsreiche Fahrt ist nicht nur ein landschaftlicher und fahrerischer Genuss, sie lässt sich auch sehr schön mit einem Päuschen in Durness verbinden.

Zurück an der Kreuzung bei Loch Eriboll, nehmen wir Kurs auf Thurso. Es geht vorbei an traumhaften Buchten, die tief ins Land einschneiden. Hinter dem Weiler **Reay** rückt eine Anlage ins Blickfeld, die so gar nicht in diese natürliche Landschaft passen will – die Kugel des Atomreaktors Dounreay Nuclear Power. Der Versuchsreaktor war lange Zeit der größte Arbeitgeber in dieser strukturschwachen Region. Wohl deshalb regte sich kaum Widerstand, als der schnelle Brüter Anfang der 70er-Jahre gebaut wurde. 1994 wurde die Anlage jedoch geschlossen.

Das Fischerstädtchen **Thurso** mit seinen 10.000 Einwohnern geht auf eine Wikingersiedlung zurück. Im Mittelalter war es ein wichtiger Handelshafen zwischen Schottland und Skandinavien. Heute präsentiert sich Thurso als quirliger Ort mit hübsch restaurierten Häusern im alten Stadtkern und einer langen Uferfront.

Ein reizvoller Ausflug führt von Thurso hinaus nach **Dunnet Head**, der nördlichsten Spitze der gesamten britischen Insel. Die Fahrbahn folgt zuerst dem Sandstrand von Dunnet Bay und endet direkt an einer hohen Klippe. Bei gutem Wetter lässt sich von hier aus ein Blick auf die Orkney-Inseln werfen.

Die A 836 streift nun Castle Mey und nimmt den Weiler **John O'Groats** aufs Korn. Der gilt als nördlichster Ort Großbritanniens und zieht stets viele Besucher an. Spötter behaupten, die Handvoll Häuser seien nur aus kommerziellen Gründen errichtet worden. Gegründet wurde er im 16. Jahrhundert vom Holländer Jan de Groot, der hier einen Fährdienst zu den Orkneys einrichtete. Viel interessanter als John O'Groats ist der Abstecher hinaus zum Leuchtturm von **Duncansby Head**. Dort stehen die Duncansby Stacks, drei aus dem Meer ragende Felsnadeln. Zwischen diesen sturm- und meerumtosten Sandstein-

> **T i p p**

Das etwas andere Museum

*Auf dem Weg von Tongue nach Thurso gelangt man nach **Bettyhill**. Kurz hinter dem Dorf steht am Straßenrand eine alte Kirche. Dort werden allerdings schon lange keine Gottesdienste mehr abgehalten, denn das Gebäude dient als Museum. Dicht gedrängt steht in seinen Regalen alles Mögliche aus der Geschichte dieses Teils der schottischen Nordküste. Vom Strandgut bis zum Grabstein findet sich allerlei Nützliches und Unnützliches aus verschiedenen Epochen. Was einen Besuch in der Kirche lohnenswert macht, sind weniger die Exponate. Es ist vor allem die Liebe und Hingabe, mit der dieses außergewöhnliche Museum eingerichtet wurde. Sein Leiter, ein Spross des MacKay-Clans, erzählt dem Besucher gerne Geschichten aus der karierten Vergangenheit. Kein Wunder, hat doch sein Clan, der auf eine lange Tradition verweisen kann, eine eigene Abteilung.*

Loch Eriboll ist Schottlands tiefster Fjord und war im 2. Weltkrieg eine wichtige Marinebasis.

klippen lässt sich die Wildheit der Nordküste hautnah erleben.

Jetzt geht es nach Süden. Aus der A 836 wird die A 99. Und nicht nur die Straße ändert ihren Namen. Die Landschaft bekommt einen neuen Charakter. Sie wird weicher, sanfter. Und liefert Panoramen am Fließband. Für die knapp 30 Kilometer bis Wick sollte man sich deshalb Zeit lassen. Der Asphalt folgt direkt der Küstenlinie und gibt immer wieder phantastische Aussichten auf steile Klippen frei. **Wick**, benannt nach dem nordischen Wort für Bucht, war im 19. Jahrhundert ein wichtiger Heringsfischerhafen. »Silver Darling« nannten die Menschen damals den Hering.

Nördlich von Wick steht eine schottische Besonderheit: Die Doppelburg von **Castle Sinclair** und **Castle Girnigoe**. Zwei Burgen an einem Fleck gibt es sonst nirgends in Schottland. Zwar sind von den Castles nur noch einige Mauerreste zu sehen, doch der Weg hinaus nach **Noss Head** lohnt sich auf jeden Fall. Die Ruinen thronen hoch oben über der Nordsee auf einer Landzunge und geben eine tolle Aussicht frei.

In den Fischerdörfern spielt die Zeit keine allzu große Rolle

Trotz des fruchtbaren Bodens hatten es die Crofter, die Pächter kleiner Landparzellen, auch an der Ostküste schwer. Wer mehr über ihr Leben erfahren will, sollte das Croft Museum in **Dunbeath** besuchen (täglich 9.00 bis 17.00 Uhr). Im 19. Jahrhundert gab es in den Highlands Tausende dieser Pachthöfe. Als dann auf einmal der Wollpreis in die Höhe schnellte, merkten die Landbesitzer, dass sie mit Schafen mehr Geld verdienen konnten als mit Pächtern. Also vertrieben sie die Crofter. Manchmal einigte man sich gütlich, meistens aber wurden die Crofter-Familien auf übelste Weise aus ihren Häusern geworfen. Diese Art der Entvölkerung ging als »Highland Clearances« in die Geschichte ein.

Die Route passiert Fischerdörfer, in denen die Zeit keine allzu große Rolle zu spielen scheint. Dann ist **Dunrobin Castle** zu sehen, eines der schönsten Schlösser Schottlands, dessen Prunk allerdings mit dem Elend der Crofter erkauft wurde. Seine Herren, die Sutherlands, taten sich bei den Clearances besonders unrühmlich hervor. Einen Stopp wert ist auch das Küstenstädtchen **Dornoch** und sein mittelalterlicher Stadtkern. Danach überquert die Route den Dornoch Firth und erreicht bei **Tain** wieder den Ausgangspunkt dieser Runde.

Kurz-Check

Streckenlänge: *ca. 500 km.*
Charakter: *Leicht bis mittelschwer. Normal breite Straßen wechseln sich ab mit engen Single Roads. Wenig Verkehr. An der Nordküste mitunter starker Wind.*
Highlight: *Die landschaftlich reizvolle Fahrt um Loch Eriboll nach Durness.*
Einkehr-Tipp: *Im historischen Zentrum und an der Uferpromenade von Thurso warten viele nette Cafés und Pubs.*
Absolutes Muss: *Die malerischen Klippen am Duncansby Head nördlich von John O'Groats.*

V on Kyle of Lochalsh bis hinauf nach Durness zieht sich ein besonders wildes Stück Europa – die schottische Westküste. Auf deren schmalen Single Track Roads ist die Einsamkeit so deutlich zu spüren wie sonst nirgends in Schottland. Wer diesen Teil der Highlands unter die Räder nimmt, muss sich jedoch mit den Elementen auseinandersetzen. Denn die Westküste ist nicht nur für ihre Einsamkeit bekannt, sondern auch für Wind und Regen. Dafür belohnt sie den Besucher mit einer Landschaft, deren Schönheit selbst in Schottland ihresgleichen sucht.

Schon der Auftakt verläuft bilderbuchhaft: Die Visite von **Eilean Donan Castle** lässt Ritterromantik aufleben. Seit 1220 steht die Burg auf einer kleinen Insel im Wasser von **Loch Alsh** und ist vor allem bei abendlicher Beleuchtung ein optischer Knüller. Viele Jahrhunderte war Eilean Donan Castle verfallen. Erst in den Jahren um 1920 restaurierte ein Nachfahre des MacRea-Clans die geschichtsträchtigen Mauern.

Nachdem Mensch und Maschine in der kleinen Fish & Chips-Bude in **Kyle of Lochalsh** bzw. an der dortigen Tankstelle verpflegt wurden, geht es direkt an der Küste entlang nach **Plockton**. Dort kommt man sich vor wie am Mittelmeer, denn in der malerischen Bucht stehen zwischen den Fischerhäusern Palmen, deren Überleben so hoch im Norden vom Golfstrom gesichert wird.

Weiter geht es an **Loch Carron** entlang, bis sich die Straße bei **New Kelso**

Typisch Westküsten-Route: Aussichten auf die Inselwelt säumen die Fahrbahn, auf der so gut wie kein Verkehr herrscht.

Wege in die Einsamkeit

Tiefe Fjorde, romantische Buchten, winzige Dörfer, launisches Wetter – an der Westküste der Highlands ist Schottland am schottischsten. Wer unverfälschte Natur sucht, ist hier goldrichtig.

am Ende des Sees teilt. Wir biegen links ab und rollen auf der A 896 auf der gegenüberliegenden Seite des Wassers bis zum Ort **Lochcarron**, wo die Straße abknickt und in die Berge führt. Kurze Zeit später taucht der leicht zu übersehende Abzweig nach Applecross auf. Hier beginnt eine Etappe, die zum Besten gehört, was Schottland zu bieten hat: die Rundfahrt um die **Applecross-Halbinsel**. Die ersten Kilometer sind gespickt mit Kurven unterschiedlichster Radien. Überraschend auftauchende 180-Grad-Kehren erzwingen den ersten Gang. Ein gerades Stück über eine Anhöhe verschafft etwas Luft. Rechts erhebt sich der knapp 900 Meter hohe Beinn Bhan, links dient ein Parkplatz als Loge für ein Schauspiel, das nur die Natur so grandi-

os inszenieren kann – der Blick auf die Insel Skye.

An windstillen Sommerabenden können einem die berüchtigten Midges einen solchen Naturgenuss jedoch ganz schön verderben. Gerade mal 1,4 Millimeter beträgt die Flügelspannweite dieser Biester. Sie treten stets in großen Schwärmen auf und treiben einen in den Wahnsinn, da sie sich in Augen und Nase festsetzen. In den Mooren und feuchten Wiesen Schottlands finden sie ideale Lebensbedingungen und vermehren sich prächtig. Nur Wind und Regen halten diese Plagegeister im Zaum. Oder der Fahrtwind.

Eine Handvoll Kurven bergab bringt uns auf Meereshöhe. Das Örtchen **Applecross** ist nicht mehr als ein paar we-

Schottland von seiner gemütlichen Seite: Eine Kunstgalerie in dem Örtchen Duirinish.

Hier möchte man Ritter sein: Das romantisch gelegene Eilean Donan Castle trotzt auf seiner kleinen Insel seit 1220 den Feinden und dem Wetter.

nige zusammengewürfelte Häuser. Kein Platz für einen Halt. Also weiter auf dem Single Track am Meer entlang. Dieses Sträßchen ist so klein, so bedeutungslos, dass es den Behörden nicht aufgefallen ist. Nicht einmal eine Nummer verpasste man ihm. Doch gerade in dieser Missachtung liegt die Bedeutung, denn dadurch wird das nummernlose Asphaltband vom Touristenstrom kaum beachtet. Gelegentlich ein Farmer, der auf seinem Traktor vorbeituckert, vielleicht einmal ein Wohnmobil – mehr Verkehr gibt es nicht. Dieses Fleckchen Erde muss mit niemandem geteilt werden, nicht einmal mit den Midges. In der leichten Brise, die vom Meer herüberweht, lösen sich ihre Angriffe einfach in Luft auf.

Kurven und Panoramen prasseln im ständigen Wechsel auf uns ein. Hinter jeder Biegung wartet ein neues Highlight. Blaues Meer, grüne Wiesen mit weißen Tupfen, die sich bei näherem

➤ **T i p p**

Garten Eden im Golfstrom
*Nahe dem Dorf Poolewe lässt sich der Beweis besichtigen, dass auf schottischen Böden sogar exotische Pflanzen wachsen. In den Inverewe Gardens gedeihen Rhododendren aus China, Vergissmeinnicht aus dem Pazifik, Lilien aus Südamerika und Eukalyptusbäume aus dem Mittelmeerraum. Der Grund für diese außergewöhnliche Fruchtbarkeit sind der Golfstrom und die fehlenden Winterfröste. Das hatte auch ein Gärtner namens Osgood Mackenzie im Jahr 1862 festgestellt und begann mit der Anpflanzung von exotischen Gewächsen. Bald wurde sein Garten in ganz Großbritannien bekannt, 1952 nahm ihn der National Trust for Scotland in die Obhut. Die rund 20 Hektar großen **Inverewe Gardens** sind täglich von 10.00 Uhr bis 18.00 Uhr geöffnet.*

Hinsehen als Häuser zu erkennen geben. Die Augen pendeln ständig zwischen Asphalt und Landschaft.

Kurz vor **Shieldaig** trifft die Straße ohne Nummer wieder auf die A 896. Lenker nach links und weiter nach **Torridon**. Der Ort liegt am Ende von Loch Torridon und präsentiert in seinem Hintergrund den Berg Liathach, einen echten Tausender. Rund um Torridon wird deshalb viel gewandert. Hotels, B&B und Campingplätze bieten ausreichend Gelegenheiten zum Übernachten.

Das Glen Torridon ist ein urwüchsiges Hochtal. Auf pittoreske Weise verbindet es **Loch Torridon** mit **Loch Maree** und hält schöne Blicke auf die rötlich schimmernden Sandsteingipfel des Liathach und des Beinn Eighe bereit. Loch Maree ist ein Traum von Wasser und ringsum aufragenden Bergen. Wenn am Abend die Sonne im Atlantik ver-

sinkt, erstrahlt der See postkartenreif in goldenen Farben. Auch die ins Hochland vernarrte Königin Victoria begeisterte sich an diesem Anblick.

Auf den nächsten 60 Kilometern führt die A 832 durch eine der facettenreichsten Regionen Schottlands. Berge, Wald und Meer im ständigen Wechsel. Die Straße windet sich in unzähligen Kurven durch diese Landschaft. Lohnenswerte Abstecher führen zu kleinen Ortschaften wie **Redpoint**, **Melvaig** oder **Cove**. Es sind Wege in die Einsamkeit.

Mit seinen breiten Straßen, weiß getünchten Häusern und gälischen Schildern zählt **Ullapool** zu den hübschesten Dörfern an der Westküste. 1788 für den Heringsfischfang gegründet, ist es heute ein wichtiger Fähr- und Fischereihafen. Dank seiner reizenden Lage an **Loch Broom** kommen viele Besucher nach Ullapool. Sie flanieren entlang der lan-

Hier werden Motorradfahrerträume wahr: Schmale und kurvenreiche Single Track Roads.

Plockton: Das Überleben der Palmen so hoch im Norden wird durch den Golfstrom gesichert.

gen Uferpromenade und bewundern die Auslagen der Souvenirläden, Kiltmaker, Whisky-Shops, Cafés und Restaurants. Im Sommer 2003 schaffte es Ullapool sogar auf die Titelseiten der britischen Presse: 30 Grad Hitze wurden gemessen. Rekord, das gab es noch nie!

Ullapool ist »last frontier«. Alles was nun weiter nördlich folgt, ist kleiner und einsamer. Nach rund zehn Meilen lockt eine Single Road in Richtung Küste. Zunächst folgt sie dem Ufer von **Loch Lurgainn**. Auf der rechten Seite erhebt sich mächtig der 600 Meter hohe Stac Pollaidh. In dieser urigen Landschaft würde man sich nicht wundern, wenn plötzlich ein mittelalterliches Ochsengespann um die Ecke käme. Hier hat sich seit Jahrhunderten nichts verändert. Und immer noch enden sämtliche Seitensträßchen am Meer. An weiten Sandstränden oder an spitzen Klippen.

Zurück auf der A 835 sind bald **Loch Assynt** und **Ardvreck Castle** erreicht. Bei schönem Wetter ist das aus dem Jahr 1490 stammende Gemäuer nur eine Ruine. Passiert man es jedoch bei Nieselregen, läuft einem leicht ein Gruselschau-

> ➤ *T i p p*

Wo Schottland endet
Cape Wrath heißt der nordwestlichste Punkt Schottlands. Wer das mit einem Leuchtturm versehene, sturmumtoste Kap besuchen will, muss sich in einen der Shuttle-Busse setzen, da die Straße dort hinaus für den öffentlichen Verkehr gesperrt ist. Vom Cape Wrath Hotel südlich von Durness setzt eine Fähre über den Kyle of Durness. Danach geht es per Bus weiter (täglich 9.30 bis 16.30 Uhr).

er über den Rücken. Kurz hinter Ardvreck Castle teilt sich die Straße. Wir
biegen links ab und rollen nach **Lochin-
ver**. Der Ort mit seinen 300 Einwohnern
ist der zentrale Punkt dieser Ecke. Supermarkt, Pub und Post sind vorhanden.
Sogar ein Friseur schaut einmal pro Wo-
che vorbei. Dann wartet die B 869. Und
mit ihr eine Menge Motorradspaß. Im
ständigen Auf und Ab turnt sie an der
Küste entlang, zeigt uns weiße Strände,
steile Klippen und mit etwas Glück sogar spielende Seehunde.

Bei **Unapool** erreicht die Achterbahn
die Verbindungsstraße nach Durness,
die seit kurzem die Nummer A 894 trägt.
Das folgende Stück Küste ist nicht nur
für Motorradfahrer, sondern auch für
Tierliebhaber ein Leckerbissen. So legen in **Kylestrome** im Sommer mehr-
mals täglich Boote ab, um Naturfreunde
zu den vorgelagerten Vogelfelsen und
Seehundbänken zu bringen. Hinter dem

Weiler **Scourie** wartet schon die nächste Attraktion: Ein Sträßchen führt an die
Küste nach **Tarbet**. Dort startet das Boot
zum Handa Island Nature Reserve. Das
felsige Eiland **Handa** steht unter Natur-
schutz und ist eines der wichtigsten Vo-
gelreservate Schottlands. Hier brüten
Papageientaucher, Sturmschwalben und
Basstölpel. 1847 wurden die verbliebe-
nen 60 Bewohner Handas nach einer
Kartoffelmissernte umgesiedelt.

Die letzten 20 Kilometer ab **Laxford
Bridge** Richtung Norden bestehen nur
noch aus Einsamkeit. Umso überra-
schender taucht dann auf einmal **Durness** auf. Das Treiben in diesem winzigen Küstenort zwischen Pub, Tankstelle,
Campingplatz, Souvenirladen und Post
könnte man für Highland-Verhältnisse
schon beinahe als geschäftig bezeichnen. Durness hat einiges zu bieten. **Cape
Wrath** zum Beispiel, den nordwestlichsten Punkt Schottlands. Oder **Balnakeil**. Das »Craft Village« wurde zum
Rückzugsgebiet für Kunsthandwerker.
Wer etwas für anspruchsvolle Souve-
nirs übrig hat, sollte sich den Abstecher
nach Balnakeil nicht entgehen lassen.
Und sich noch auf dem Friedhof die Ruine der Durness Old Church ansehen.

Campingplätze sind ja in Schottland
mitunter regelrechte Naturwunder. So
auch der Zeltplatz von Durness, der einen phantastischen Ausblick aufs Meer
bietet. Wenn an stürmischen Tagen der
Wind die See immer wieder gegen das
Land prügelt, herrscht im Nordwesten
Schottlands Endzeitstimmung. Die besten Logenplätze für dieses Schauspiel
gibt es dann direkt am Klippenrand. Man
muss jedoch rasch zugreifen, denn diese Parzellen sind gleich vergriffen.

Kurz-Check

Streckenlänge: *ca. 500 km.*
Charakter: *Mittelschwer. Der Großteil
der Strecke führt über schmale, einspu-
rige Straßen und erfordert viel Aufmerksamkeit. Sehr wenig Verkehr.*
Highlight: *Die landschaftlich einmalige
Runde um die Halbinsel Applecross.*
Einkehr-Tipp: *In Plockton warten neben
ordentlichen Fish & Chips-Ständen auch
zahlreiche sehr gute Restaurants.*
Absolutes Muss: *Der Abstecher zum
märchenhaften Eilean Donan Castle.*

© Mairs Geographischer Verlag, Ostfildern

Das »Wasser des Lebens«

Die Speyside-Region ist das Ze... ...ischen Brennkunst. Der Whisky Trail durchquert sie und ... ... Distillery zu Distillery.

Ein schottischer Barkeeper würde niemals Whisky und Cola zusammenschütten. Schon gar nicht in der Speyside-Region. Mit den Worten »Of course not mixed«, stellte er die beiden Getränke in separaten Gläsern auf die Theke. Dabei warf er mir einen strafenden Blick zu, als hätte ich damit das Recht, einen echten Single Malt zu probieren, eigentlich schon verwirkt. Das war vor vielen Jahren auf einer meiner ersten Schottland-Reisen. Ich hatte gerade Whisky-Cola bestellt und fand vermutlich nur wegen meiner Jugend Gnade in den Augen des Barkeepers.

Auch heute ist die Speyside-Region in Sachen Whisky die Nummer eins in Schottland. Von den 116 schottischen Destillen befinden sich über 50 in diesem Gebiet. Was am guten Wasser des River Spey und seinen Nebenflüssen liegt. Einer davon ist der Findhorn. An dessen Ufer steht **Forres**. Eine kleine Stadt mit großer literarischer Vergangenheit. War es doch der große Dichter Shakespeare, der seinen Macbeth an diesem Ort mit den drei Hexen zusammentreffen ließ. »When shall we three meet again?« fragen sich die Hexen zu Beginn. Ein Satz, der seit Shakespeare in ganz Großbritannien gerne für Verabredungen jeglicher Art genommen wird.

Alkoholisch ist die Gegenwart in Forres. Nimmt man die A 940 in Richtung Grantown-on-Spey, sieht man sie am Ortsausgang vor sich: die **Dallas Dhu Distillery**. Vor einigen Jahren geschlossen, dient sie heute als Museum. In aller

In der Manufaktur Speyside Cooperage werden alte Eichenfässer für die nächste Generation von Malt Whisky aufbereitet.

Ruhe kann man dort die einzelnen Stationen der Whisky-Herstellung unter die Lupe nehmen. Und zwar nicht nur theoretisch: Dem Rundgang durch die sehr gut gemachte Ausstellung folgt die Verkostung eines echten Single Malt.

Rafford, **Dallas** und **Upper Knockando** heißen die nächsten Stationen auf einem kleinen Nebensträßchen hinab zum River Spey. Links ab auf die B 9102 und weiter über **Archiestown** Richtung Rothes. An jeder Straßenecke weisen Schilder zu den einzelnen Destillerien. Glenlivet, Thamdu, Glen Grant, Glenfiddich – Namen, die dem Whisky-Liebhaber das Wasser im Mund zusammenlaufen lassen.

Ein paar Kilometer auf der A 941 führen nach **Rothes** in die Heimat der **Glen Grant Distillery**. Auch dort stehen die typischen grauen Lagerhäuser, von denen einige so groß sind wie ein Fußballfeld. Sie beherbergen das flüssige Gold, den Schatz Schottlands. Der reift in alten Eichenfässern heran. Nach

drei Jahren darf er sich Whisky nennen, ab acht Jahren rührt ihn ein Schotte erstmals an, und nach zwölf Jahren ist der Whisky schließlich perfekt.

An windstillen Tagen steigt einem in der Nähe der Lagerhäuser ein honigsüßer Duft in die Nase: Die Luft ist geschwängert vom »Angel Share«. So nennt sich der Teil vom Whisky, der sich im wahrsten Sinne des Wortes in Luft aufgelöst hat. Denn der Reifeprozess verlangt seinen Tribut. Im Durchschnitt sind es zwei Prozent pro Jahr, die ein Fass durch Verdunstung an Inhalt verliert. So haben am Ende des Reifeprozesses meist mehr als ein Drittel des Fassinhaltes den Weg ins Freie gefunden.

Von Rothes führt die B 9015 weiter am Spey entlang. Das dichte Grün am Straßenrand scheint sich langsam der Straße zu bemächtigen. Es geht vorbei an Wiesen, auf denen Kühe friedlich grasen. Die Milch, so sagen die Menschen, habe in dieser Gegend einen besonderen Geschmack. Das liege am »Angel Sha-

Das Brennen von Whisky ist eine Mischung aus Tradition und Technik. Größe und Form der »Wash Stills« beeinflussen den Geschmack des Whiskys.

Glenfiddich in Dufftown ist Schottlands größte Whisky Distillery.

re«, der sich auf dem Gras der Weiden niederschlage. Was der Milch zugute komme. In Schottland bekommt der Spruch »Milch macht müde Männer munter« eine völlig neue Bedeutung.

Bald zweigt rechts die B 9103 ab, und über die A 95 ist **Keith** schnell erreicht. Ein Besuch der **Strathisla Distillery** gehört beim Whisky Trail zum Pflichtprogramm. Strathisla ist eine der ältesten Brennereien Schottlands. Schon seit mehr als 200 Jahren wird dort das »Uisge Beatha« (gälisch für »Wasser des Lebens«) in Flaschen gefüllt. Die pagodenförmigen Trockenböden, auf denen das aus Gerste entstandene Malz über einem Torffeuer getrocknet wurde, sind das charakteristische Merkmal von Strathisla. Früher gehörten diese Trockenböden zu jeder Brennerei, doch seitdem große Konzerne viele traditionsreiche Brennereien aufgekauft haben, wird das Malz oft schon fertig angeliefert.

Wie in ganz Schottland ist auch bei Strathisla die Whisky-Herstellung nicht nur ein Produktionsprozess, sondern hat eine Menge mit Tradition zu tun. So besitzt jede Brennerei ihren eigenen Brunnen, der gehütet wird wie ein Augapfel. Der Geschmack von Whisky hängt zwar nicht allein vom Wasser ab, da alle Zutaten stimmen müssen, doch das feuchte Element hat einen entscheidenden Anteil am speziellen »Flavour« eines Whiskys, auf den jede Destille Stolz ist.

Auch verfügt jede Brennerei über ihre eigene Philosophie. Wer nach dem Rundgang in den breiten, ausladenden Sesseln der Lounge von Strathisla Platz nimmt, hat ein Stück von deren Philosophie genossen. Beim abschließenden »Tasting« kann er sie auch schmecken.

Von Keith aus geht es auf der kleinen B 9014 Richtung Süden. Die schmale Straße rollt langsam über die sanften Hügel hinweg. Bei gutem Wetter zeigen sich in der Ferne die Höhen der Gram-

➤ *T i p p*

Immer den Schildern nach
Der offizielle Malt Whisky Trail bietet eine gute Möglichkeit, sechs Brennereien sowie eine Eichenfassmanufaktur, die alle auf einem relativ engen Raum zusammenliegen, kennen zu lernen. Er ist ausgeschildert und rund 80 Kilometer lang. In jedem Unternehmen finden Führungen mit anschließendem Probeschluck statt (im Sommerhalbjahr täglich). Dabei sollte man nicht vergessen, dass die schottische Polizei die Alkoholgrenze von 0,5 Promille scharf kontrolliert.

Nicht nur in den Brennereien, sondern auch in vielen Geschäften kann Whisky probiert werden.

pian Mountains. Die Schneesicherheit macht diese Berge auch im Winter zu einem beliebten Urlauberziel.

Nach kurzer Fahrt ist **Dufftown** erreicht. Der Ort ist das Herz des Whisky Trail, und dieses Herz ist groß. Gleich sieben Brennereien haben sich um das 2.000-Seelen-Dorf angesiedelt. »Rome was built on seven hills, Dufftown stands on seven stills«, ist immer wieder aus dem Mund der Einheimischen zu hören. Die größte Distillery im Ort und in ganz Schottland heißt **Glenfiddich**. Zwar wird auch bei Glenfiddich streng auf Qualität und Tradition geachtet, aber das Drumherum ist wesentlich kommerzieller. Kein Wunder, denn keine Brennerei macht mehr Umsatz. Ihr Gründer William Grant und seine Söhne waren

es, die den Single Malt auch außerhalb Schottlands salonfähig machten.

Eine Menge Besucher gehen täglich die Produktionslinien entlang, um dem Geheimnis des schottischen Malt Whiskys auf die Spur zu kommen. Umringt ist die Brennerei von einer ganzen Batterie Lagerhäuser, in denen der Whisky in Millionen von Eichenfässern vor sich hin reift. Auch rund um Dufftown steigen sicher tausende Kubikmeter »Angel Share« in den Himmel.

Unweit der Destille stößt man auf die Ruinen von **Balvenie Castle**. Vor 700 Jahren war es der erhabene Wohnsitz des Earl of Buchan. Doch vom einstigen Prunk sind nur noch einige Mauerreste übrig. Der Ort Dufftown ist ein ruhiges Fleckchen Erde. Jegliche Hektik

Crovie an der Nordküste der Highlands: Der Streifen Land ist zu schmal für eine Straße.

scheint den Einwohnern fremd zu sein. Eine Einstellung, die sie sich vom Whisky abgeschaut haben, denn der braucht zum Reifen viel Ruhe und Zeit. Das Zentrum von Dufftown ist »The Square«, von dort aus führen alle Wege in den Rest der Welt.

Wenn man nun auf der A 941 ein Stück Richtung Rothes fährt, fallen irgendwann riesige Pyramiden ins Auge. Bottiche aus Holz sind meterhoch aufgetürmt. Des Rätsels Lösung: Bei **Speyside Cooperage** vor den Toren des Dorfes **Craigellachie** werden alte Fässer wieder für die nächste Generation Malt Whisky fit gemacht. Ein Knochenjob für die Arbeiter. Für die Aufbereitung verwenden sie ein Werkzeug, das im Zeitalter der Industrialisierung längst

aus der Mode gekommen ist – ihre Hände. Bis zu vier Mal kann ein Fass, in dem vorher Sherry gelagert wurde, für die Reifung des Whiskys verwendet werden. Dann ist es ausgelaugt und eignet sich höchstens noch als Schmuckstück für den Vorgarten.

In Craigellachie nehmen wir die A 95 nach Südwesten. Sie bringt uns in den Ort **Glenlivet**, wo in der gleichnamigen Brennerei seit 1880 einer der bekanntesten Whiskys der Speyside-Region entsteht, und weiter nach **Tomnavoulin**, wo ebenfalls destilliert wird. Und noch etwas macht diese Ecke einen Abstecher wert: **Ballindalloch Castle**. Es gehört zu den schönsten Schlössern Schottlands und wird auch gerne »Pearl of the North« genannt. In den letzten

Jahrzehnten wurde es liebevoll und aufwendig restauriert. Ein Besuch von Ballindalloch Castle lohnt sich schon allein wegen seines englischen Gartens.

Zum Schluss unserer Reise durch die Welt des Single Malt passieren wir auf der B 9009 noch einmal Dufftown und steuern dann geradewegs über Keith die Küste an. Die A 95 endet in **Banff**, einem alten Handelsort. Die Menschen in Banff machen seit hunderten von Jahren Geschäfte mit Gott und der Welt. Einige der Häuser sind Zeugen der guten alten Zeit. Auf das wirkliche Alter von Banff weisen seine Schutzmauern hin, die den Ort vor den Angriffen der Wikinger bewahren mussten.

Gleich hinter dem Nachbarort **Macduff** zweigt ganz verstohlen die B 9031 ab. Die kleine Straße ist nicht mehr als ein asphaltierter Feldweg und überrascht mit einem atemberaubenden Blick auf die Küste. Als grauer Streifen schlängelt sie sich durch die grünen Wiesen und Felder. Bei so viel Panorama übersieht man leicht ein von der salzigen

Seeluft ausgelaugtes Schild mit der Aufschrift **Crovie**. Also aufpassen. Denn Crovie ist Schottland im Postkartenformat. Kaum ein Bildband, auf dem nicht diese Häuserzeile zu finden ist. Eingezwängt zwischen Meer und Berg stehen die Häuser auf einem schmalen Streifen

Im Pub Pennan Inn trank schon Burt Lancaster seinen Whisky

Land. So eng, dass noch nicht einmal Platz für eine Straße ist. Kleine Fischerhütten ducken sich zusammen, als fürchteten sie, beim nächsten Sturm ins Meer gespült zu werden. Tatsächlich nagte die aufgewühlte Nordsee schon des öfteren am Ort.

Gilt Crovie als Geheimtipp, so hat es das eine Bucht weiter gelegene **Pennan** zu Weltruhm gebracht. Die Häuserzeile am Meer war nämlich Kulisse für den Film »Local Hero«, in dem Burt Lancaster die Hauptrolle spielte. Im Gegensatz zu Crovie auf der anderen Seite der Halbinsel Troup Head verfügt Pennan sogar über einen Souvenirladen, der jedoch selten überlaufen ist. Denn die heikle Zufahrtsstraße mit ihren spitzen Kehren verhindert wirksam jeden Ansturm von Urlaubern. Und der Weg zu Fuß die steile Küste hinab ist den meisten wohl zu anstrengend.

Im Pennan Inn ist der Atem Hollywoods zu spüren. Seit »Local Hero« hat der Pub Berühmtheit erlangt. Manche Filmliebhaber kommen nur nach Schottland, um diese Location zu sehen. Genau der richtige Abschluss für unsere Whisky-Tour. »Einen Single Malt, bitte«. Diesmal verkneife ich mir das zusätzliche Glas Cola.

Kurz-Check

Streckenlänge: *ca. 200 km.*
Charakter: *Leicht bis mittel. Meist breite, gut ausgebaute Landstraßen.*
Highlight: *Die Küstenstraße von Banff nach Pennan mit ihren Panoramen.*
Einkehr-Tipp: *Der Pub Pennan Inn im gleichnamigen Ort hat Filmatmosphäre.*
Absolutes Muss: *Die traditionsreiche Strathisla Brennerei in Keith.*

© Mairs Geographischer Verlag, Ostfildern

FÄHREN

Für die Überfahrt nach Schottland gibt es mehrere Möglichkeiten. Ein Preisvergleich zwischen den Routen und den Reedereien lohnt sich daher.

DFDS Seaways fährt täglich die Strecke von IJmuiden (an der Küste vor Amsterdam) nach Newcastle, das auf englischem Boden knapp vor der schottischen Grenze liegt. Die Fähre legt um 17.30 Uhr in IJmuiden ab und erreicht Newcastle am nächsten Morgen gegen 9.00 Uhr. Auf der Rückfahrt fährt die Fähre in Newcastle um 17.00 Uhr los und kommt gegen 9.30 Uhr in IJmuiden an (www.dfdsseaways.de).

Vier Kabinenklassen, von der Economy-Innenkabine bis zur Premium-Außenkabine mit Meerblick, stehen zur Auswahl. Je nach Saison beginnen die Preise für zwei Personen (Hin- und Rückfahrt) bei ca. 180 Euro. Fürs Motorrad muss das ganze Jahr über mit rund 175 Euro gerechnet werden.

Der Fährbetrieb zu den Äußeren und Inneren Hebriden wird von der Reederei **Caledonian MacBrayne** bestritten. Für Fahrten zu den Äußeren Hebriden empfiehlt sich ein Hopscotch-Ticket. Mit diesem Ticket lassen sich Überfahrten zu günstigeren Rundreisen kombinieren. Die Fahrpläne sollten im Auge behalten werden, um längere Wartezeiten zu vermeiden. Reservierungen in der Hochsaison sind ratsam, da einige Strecken häufig ausgebucht sind. Weitere Infos unter www.calmac.co.uk.

KLIMA UND REISEZEIT

»Jeder Tag vier Jahreszeiten«. Dieser Satz ist oft aus dem Mund der Schotten zu hören. An ihm ist etwas Wahres dran, denn nichts ist in Schottland wechselhafter als das Wetter. Statistisch betrachtet sind Mai und Juni die trockensten Monate. Selbst im Sommer dürfen auf keinen Fall Regensachen, Thermowäsche und Fleece-Pullover im Reisegepäck fehlen. Unter Tiefdruckeinfluss kann die Temperatur in den Highlands durchaus in den einstelligen Bereich sinken, an schönen Tagen aber auch weit über 20 Grad hinausgehen.

MÜCKEN

Culicoides impunctatus, in Schottland besser bekannt als Midges, können einem das Leben schwer machen. Juli und August sind die schlimmsten Monate, dann sind die Tierchen in Hochform. Bis Anfang Juni hat man weitgehend Ruhe, denn erst dann erblickt die kommende Generation das Licht der Welt. Gerade einmal 1,4 Millimeter beträgt die Flügelspannweite der kleinen Mücken, ein einzelnes Exemplar ist kaum sichtbar. Midges treten nie alleine auf und kommen stets zu Tausenden. Es gibt nur zwei Gegenmaßnahmen: ein gutes Insektenschutzmittel oder die Flucht.

LINKSVERKEHR

Keine Angst vor dem Linksverkehr. Das Fahren auf der anderen Straßenseite ist zwar etwas gewöhnungsbedürftig, doch bei weitem nicht so schlimm, wie es sich viele vorstellen. Die ersten Tage verlangen erhöhte Aufmerksamkeit, dann stellt sich schnell Routine ein. Zudem ist der Verkehr in den Highlands überschaubar. Dennoch ist die Gefahr ständig akut, in einem unbedachten Moment in alte

Gewohnheiten zu verfallen. Zur Vorbeugung hilft ein kleines Hinweisschild, das gut sichtbar im Cockpit angebracht wird und auf dem die simplen Worte stehen: »links fahren«. Der Notruf für Polizei und Krankenwagen ist 999.

GELD UND PAPIERE

EC- und Kreditkarten werden überall akzeptiert. Mit der EC-Karte kann auch am Geldautomaten problemlos abgehoben werden. Allerdings sind die Gebühren hierfür hoch. Schottland selbst lässt sich nicht unbedingt als günstiges Reiseland bezeichnen. Der Benzinpreis liegt umgerechnet bei rund 1,60 Euro. Für eine einfache B&B-Unterkunft müssen 20 bis 35 Pfund (25 bis 44 Euro) pro Nacht und Person bezahlt werden. Eine grüne Versicherungskarte für das Motorrad sollte nicht fehlen.

HIGHLAND GAMES

In den Sommermonaten finden in ganz Schottland Highland Games statt. Von Mai bis September messen die Clans bei ungefähr 70 Veranstaltungen ihre Kräfte. Die eindrucksvollsten Highland Games werden jährlich Anfang September in Braemar ausgetragen. Ein tolles Spektakel, zu dem sich gerne die Royals einfinden. Weitere Informationen über Termine der Highland Games finden sich unter www.visitscotland.com.

LITERATUR

Zur Einstimmung auf die Urlaubsreise eignet sich ganz gut der Bildband Faszinierendes Schottland aus dem Verlagshaus Flechsig, ISBN 978-3881897075, Preis 9,95 Euro.

LANDKARTEN

Eine gute Übersicht über ganz Schottland mit den Inseln bietet die **Marco-Polo-Länderkarte** Großbritannien von MairsDumont im Maßstab 1:800.000. Preis 9,99 Euro. Für die kleinen Straßen geeigneter ist die **Regionalkarte** Schottland/England Nord (1:300.000) aus demselben Verlag. Preis 9,99 Euro.
Der englische Verlag **Ordnance Survey** bietet im Maßstab 1:250.000 acht detaillierte Landkarten an, die ganz Großbritannien abdecken. Für Schottland genügen die Karten 1, 2 und 3. Für den Lake District ist Karte Nr. 4 notwendig. Preise ca. um die 10,00 Euro. Erhältlich auch im deutschen Buchhandel.

SCHOTTLAND IM INTERNET

Motorradfahrer sollten mal einen Blick auf www.motorcyclescotland.com und www.thebikerguide.co.uk werfen. Beide Seiten lassen sich ganz ordentlich ins Deutsche übersetzen. Dort finden sich einige gute Tipps und Übernachtungen in motorradfreundlichen Hotels bzw. B&B.
www.bedandbreakfastnationwide.com: Englisch. Über diese Webseite kann eine Broschüre mit B&B geordert werden, die 600 aufgeführten familiären Übernachtungsmöglichkeiten sind über ganz Großbritannien verteilt.
www.visitscotland.com/de: Die offizielle Webseite des schottischen Fremdenverkehrsamtes. Auf dieser Seite können zahlreiche Informationen und Tipps über das Land des Highlanders abgerufen werden. Von der Anreise über die Geschichte bis hin zu Veranstaltungen und Aktivitäten ist alles zu finden.

Ob Fünf-Sterne-Luxus, mit Familienanschluss oder unter freiem Himmel im Zelt – Schottland bietet eine Vielzahl von Übernachtungsmöglichkeiten. Und für jeden Geldbeutel ist etwas dabei.

■ HOTELS

Den meisten Komfort bieten Hotels. Nicht selten verbergen sich hinter den ehrwürdigen Fassaden alter Herrenhäuser moderne, gepflegte Unterkünfte, die mit allem ausgestattet sind, was ein reisendes Herz begehrt. So stilecht zu übernachten hat allerdings seinen Preis, mit 50 bis 120 Pfund (62 bis 150 Euro) pro Nacht und Person mit Frühstück ist zu rechnen.

Grampian Mountains
Dalmunzie Castle
Glenshee, Pertshire, PH10 7QG
Fon 0044/1250/885224
hotel@dalmunzieestate.com
www.dalmunzie.com
Das im Herrenhausstil gebaute Dalmunzie Castle in Spittal of Glenshee liegt herrlich in den Grampian Mountains. Die Übernachtungen beginnen für B&B bei rund 200 Euro für zwei Personen und Nacht.

Kaledonischer Graben
Smiddy House
Spean Bridge
Inverness-Shire, PH34 4EU
Fon 0044/1397/712335
www.smiddyhouse.com
Kleines gemütliches Hotel mit familiärer Atmosphäre, idealer Ausgangspunkt für Rundtouren in den Highlands.

Huntingtower Lodge
Druimarbin, Fort William, PH33 6RP
Fon: 0044/1397 700079
enquiries@huntingtowerlodge.com
www.huntingtowerlodge.com
Sehr wohnlich, man legt hier viel Wert auf Ökologie.

Westküste
Gairloch Highland Lodge
Gairloch, Ross-Shire, V21 2AH
Fon 0044/1445/712006
www.gairlochhighlandlodge.net
Ein Hotel mit netten Zimmern in ruhiger und abgeschiedener Lage. Wer Einsamkeit sucht, der wird sie in der Umgebung von Gairloch finden.

Äußere Hebriden
Harris Hotel
Tarbert, Isle of Harris, HS3 3DL
Fon 0044/1859/502154
www.harrishotel.com
Gemütliches Hotel in einem alten stimmungsvollen Herrensitz.

■ BED AND BREAKFAST

B&B ist die klassische Art der Übernachtung in Schottland. Das Angebot an B&B-Unterkünften ist unüberschaubar. Vom Komforthaus über den einfachen Familienanschluss bis hin zum Bauernhof reicht die Bandbreite. Die Preise für eine Übernachtung liegen etwa zwischen 50 und 100 Pfund (ca. 60 und 120 Euro) pro Person.
Einen guten Überblick über das enorme Angebot bietet die Automobile Association (AA) in ihrem Werk »The B&B Guide«. In diesem Führer wird ganz Großbritannien abgedeckt, Schottland

Dalmunzie House Hotel: Stilecht übernachten in einem alten Herrenhaus mitten in den Grampian Mountains.

sind 60 Seiten gewidmet. »AA The B&B Guide«, ISBN 978-0749576196, Preis ca. 30 Euro.

Ebenfalls empfehlenswert ist der Übernachtungsführer British Bed and Breakfast (Alastair Sawday's Special Places to Stay British Bed & Breakfast). Alastair Sawday Publishing, Neuauflage 2014, in englischer Sprache, ISBN: 978-1906136-69-7, ca. 30 Euro.

Grampian Mountains

Annfield Guest House
Callander, FK17, 8EG
Fon 0044/187/7330204
www.annfieldguesthouse.co.uk
Preisgünstige Übernachtung, im Herzen der Stadt Callander gelegen, sehr schöne Zimmer, guter Ausgangspunkt für Wanderungen.

Innere Hebriden

Roseneath Guest House
Dalrach Road
Oban, Argyll, PA34 5EQ
(gegenüber Isle of Mull)
Fon 0044/1631/562929
www.roseneathoban.com
Schöne alte Viktorianische Villa mit reizendem Blick auf die Oban Bay und den Sound of Kerrera. Am Fährhafen zur Isle of Mull gelegen und ein praktischer Ausgangspunkt für eine Inseltour.

Kilmuir Park B&B
Dunvegan, **Isle Of Skye**
Highlands and Islands, IV55 8GU
Fon 0044/1470/521586
Email: agnes@kilmuirpark.co.uk
www.kilmuirpark.co.uk
Urgemütliches B&B, perfekt für die Runde auf Skye.

Nord-/Ostküste
Marsule
Craig Road
Dingwall, IV15 9LF
Fon 0044/1349/862201
Email-Kontakt über die Webseite
www.marsule.co.uk
Gemütliches B&B nahe dem Zentrum
von Dingwall, einem Ort am östlichen
Rand der Highlands.

The Clachan Bed and Breakfast
Wick Caithness, KW1 5NJ
Fon 0044/1955/605384
enquiry@theclachan.co.uk
www.theclachan.co.uk
Kleine heimelige B&B-Unterkunft mit
herzlichem Empfang und sehr netten
Betreibern.

Westküste
Loch View Guest House
Ullapool, IV 26 2SX
Fon 0044/1854/612333
info@lochviewullapool.scot
www.lochviewullapool.scot
Etwas außerhalb von Ullapool mit herr-
lichem Blick auf Loch Broom.

Kaledonischer Graben
Myrtle Bank Guest House
Achintore Road
Fort William, Inverness-Shire, PH33 6RQ
Fon 0044/1397/702034
enquiries@myrtlebankguesthouse.co.uk
www.myrtlebankguesthouse.co.uk.

■ *CAMPING*
Einen Zeltplatz zu finden, ist in Schott-

Auf der Isle of Mull gibt es viele kleine Zeltplätze in idyllischer Lage.

land nicht schwierig. Überall gibt es Camping Sites, die wunderschön in der Natur liegen. Ein Stellplatz für zwei Personen kostet etwa 12 bis 17 Pfund (15 bis 21 Euro).

Eine Besonderheit im Lake District sind die **Camping Barns**. Diese Unterkunft lässt sich wohl am besten mit »Camping ohne Zelt« beschreiben. Die Preise sind nicht viel höher als bei gewöhnlichen Zeltplätzen. Nicht selten handelt es sich bei den Camping Barns um umgebaute Scheunen oder Ställe, die einfach eingerichtet sind und lediglich ein Matratzenlager zum Schlafen bieten. Infos unter www.lakelandcampingbarns.co.uk. In Buttermere, im Zentrum des Lake District, liegt der Hof der **Familie Lowery** (www.buttermerecottage.co.uk).

Kaledonischer Graben
Blackwater Hostel and Campsite
Glencoe, Kinlochleven, Argyll
Fon 0044/1855/831253
www.blackwaterhostel.co.uk
Zeltplatz in schöner Lage mit angegliedertem Hostel.

Glen Nevis Caravan and Camping Park,
Glen Nevis, Fort William, PH33 6SX
Fon 0044/1397/702191
holidays@glen-nevis.co.uk
www.glen-nevis.co.uk
Schön gelegener und Award Winning Platz direkt unterhalb vom Ben Nevis.

Innere Hebriden
Camping Skye Pairc na Craobh, Broadf.
Isle of Skye
Fon 0044/1470/582230
www.campingskye.com

Ruhiger und relatv neuer Zeltplatz in Broadford, eingebettet in einer wunderschönen Highland-Landschaft.

Westküste
Sango Sands Oasis
Sango Bay, Durness, IV27 4PZ
Fon 0044/1971/511726
www.sangosands.com
Der Platz liegt hoch über den Klippen mit einmaliger Aussicht auf das Meer.

Gruinard Bay Caravan Park
Laide, Wester Ross, IV21 2DL
Fon 0044/1445/712152
www.gruinardbay.co.uk
Liegt direkt am Meer mit Blick auf die Gruinard Bay.

Sands Caravaning & Camping
Gairloch, Wester Ross, IV21 2DL
Fon 0044/1445/712152
www.sandscaravanandcamping.co.uk
Wiesen- und Dünengelände, direkt am Loch Gairloch gelegen, ruhig, Ausblick.

Sunart Camping
Strontian, Argyll, PH36 4HZ
Fon 0044/1967/402080
www.sunartcamping.co.uk
sunartcamping@orangehome.co.uk
Angenehmer Zeltplatz an der A 861 gelegen, unweit vom Loch Sunart.

Nordküste
Thurso Bay Camping & Caravan Park,
Smith Terrace, Thurso, KW14 7JY
Fon: 0044/1847/892244
www.thursobaycamping.co.uk
Ruhiger Platz an der Steilküste, die Sicht reicht oft bis zu den Orkney-Inseln.

Gestatten, Johnnie Walker

Was macht einen guten Whisky aus? Was ist ein Single Malt? Was ist ein Blend?

Viele haben versucht, ihn zu kopieren, aber niemand konnte ihm je das Wasser reichen. In allen Teilen der Welt finden sich Plagiate, die Japaner wollten sogar mit Hilfe der Chemie den Reifeprozess verkürzen. Es half alles nichts, der Geschmack von Scotch Whisky bleibt unerreicht. Aber was macht gerade einen Scotch so unvergleichlich? Die Zutaten sind nichts Besonderes: Gerste, Wasser, Hefe und Zeit, davon jedoch jede Menge. Zwölf Jahre Lagerung sind die Regel. Erst dann, da sind sich die Schotten einig, hat Whisky das optimale Stadium erreicht.

116 Brennereien kreieren rund 2.000 verschiedene Sorten Whisky. Ob Malt, Blend oder Vats, die Palette ist unüberschaubar. Als im Jahr 1820 ein gewisser John Walker entdeckte, dass das Mischen mehrerer Sorten einen milderen Geschmack ergab, trat der Scotch in Form des Blend aus dem Schatten des französischen Cognacs heraus. Der Single Malt blieb in Schottland, der Blend Whisky eroberte die Welt. Das änderte sich erst Ende der 60er-Jahre des letzten Jahrhunderts. Damals exportierte Glenfiddich die ersten Singel Malts über die Grenzen der Highlands hinaus. Seitdem erfreuen sich die Singles immer größerer Beliebtheit. Die geht so weit, dass Blends als billige Mischung angesehen werden, die aus den Bodensätzen der einzelnen Fässer zusammengepanscht würden.

Das ist ganz sicher nicht so! Das Blending hilft dem Whisky sich voll zu entfalten. Diese Meinung vertritt Colin Scott, Master Blender bei Chivas Brothers, die mit Chivas Regal einen der bekanntesten Blends kreiert

haben. Erst die Komposition der verschiedenen Whiskies erlaubt das Spiel mit Aromen, Duft und Geschmack, die ein Malt allein nie hervorbringen könnte. »Ein Single Malt ist wie ein einzelnes Instrument, ein guter Blend hingegen wie ein harmonisches Orchester«, bringt es Colin Scott auf den Punkt.

Seine Milde erhält ein Blend durch den Grain Whisky. Der ist, da die Gerste nicht gemälzt wird, nicht so aromatisch wie ein Malt. Aufgrund seines sanften Geschmacks eignet er sich jedoch hervorragend zum verschneiden. Blends, die keinen Grain Whisky enthalten, also nur aus Malts bestehen, werden Vats genannt.

Der geschmackliche Grundstoff eines jeden Blend Whiskys ist der Single Malt. Dessen Aroma hängt von vielen Faktoren ab: Wasser, Torf, Zeit, Fässer, sogar die Form des Pot Stills, des Destillationsapparates, ha-

»Ein Single Malt ist wie ein einzelnes Instrument, ein guter Blend hingegen wie ein harmonisches Orchester«

ben darauf entscheidenden Einfluss. Natürlich braucht es auch noch jede Menge Knowhow. Schließlich benötigte der Whisky mehrere Jahrhunderte, um das zu werden, was er heute ist.

Die eigentliche Herstellung dauert nicht lange. Vom Mälzen der Gerste über das Maischen und die Gärung bis hin zur Destillation sind es nur ein paar Tage. Zeitintensiv hingegen ist das Heranreifen des Whiskys. Blutjung verlässt er als klare Flüssigkeit den Spirit Save, seine Farbe und den Geschmack bekommt er erst im Dunkeln der Eichenfässer. Dort betätigt er sich als Vampir, indem er im Laufe der Jahre die Stoffe aus dem Holz saugt, die zuvor anderer Whisky, Bourbon oder Sherry hinterlassen haben. Der ursprüngliche Inhalt des Fasses ist mitentscheidend für den Geschmack.

Dann heißt es Ruhe bewahren. Für 10 bis 15 Jahre verschwindet der junge Whisky in einem der tausenden von Lagerhäusern in Schottland. Mit jedem Jahr wird er milder. Pro Jahr verdunsten ca. zwei Prozent des Inhaltes, der so genannte »Angel Share«. Am Ende der Lagerung haben die Engel dann mehr als ein Drittel des Volumens genossen. Bei Whisky, der 18 oder sogar 21 Jahre lagert, ist es mehr als die Hälfte des Inhaltes, der an die Umwelt abgegeben wird.

Was am Ende der Reifung aus dem Fass kommt, ist ein Single Malt mit einer eigenständigen Geschmacksnote, die nach Herkunft, Herstellungsprozess und Lagerung variiert. Wahre Liebhaber erkennen allein am Geschmack, aus welcher Ecke Schottlands

der Malt stammt. Ein lieblich milder Lowlander, ein rau herber Highlander oder ein rauchiger Whisky von den Hebriden. Der eigenständige »Taste« ist das Kapital einer jeden Distillery und darf sich deshalb niemals ändern.

An der Zusammensetzung und den Produktionsabläufen hat sich seit Jahrzehnten nichts geändert. Natürlich wurden die Herstellung und das Zusammenspiel der Zutaten wissenschaftlich untersucht. Die Sorte der Gerste, die Art der Hefe, das Wasser, die Form des Pot Stills und der Brennblase, das Fass – alle diese Faktoren haben Einfluss auf den Geschmack. Doch in welcher Form und welchem Umfang, das gibt der Whisky bis heute nicht preis. Die Geheimnisse der Whisky-Herstellung lassen sich nun einmal nicht wissenschaftlich erklären. Es braucht dazu vor allem Gefühl und Erfahrung.

Die Wiege des Golfs

Wie der Whisky und der Kilt ist auch das Golfspiel untrennbar mit Schottland verbunden.

Golf soll ein elitärer Sport sein? In Schottland bestimmt nicht. Es gibt dort sogar einen Campingplatz mit eigenem Golfplatz. Und die nette alte Dame an der Rezeption hat vermutlich ein niedrigeres Handicap als so mancher Präsident eines deutschen Golfclubs. Golf hat seinen Ursprung übrigens in den Niederlanden. Schon im 13. Jahrhundert spielte man dort ein Spiel, in dem es darum ging, einen Ball mittels eines Schlägers mit möglichst wenig Schlägen in ein vorher definiertes Ziel zu bringen. Die große Leistung der Schotten besteht darin, aus einer lokalen Liebhaberei einen weltweit gespielten Sport gemacht zu haben.

Da den Schotten seit jeher ein genialer Sinn zum Aufstellen von Regeln und Ritualen nachgesagt wird, ist es kein Wunder, dass am 17. Mai 1754 in dem schottischen Städtchen St. Andrews das Golfspiel seine Ordnung bekam. Die Regeln, die die Mitglieder des Royal & Ancient Golf Club of St. Andrews damals aufstellten, gelten heute, zweieinhalb Jahrhunderte später, unverändert weiter. Das heißt: fast unverändert. Denn ein einziger Absatz wurde inzwischen gestrichen. Er widmete sich den ursprünglich mit Federn gefüllten und leicht zerstörbaren Bällen. Ging ein solcher Ball kaputt, durfte mit einem neuen Ball von dem Punkt aus weitergespielt werden, wo das größte Stück des kaputten lag.

Bis 1850 flogen Golfbälle hauptsächlich in der Region um Edinburgh. Dann eroberten sie schlagartig Glasgow, überquerten den Ärmelkanal und den Atlantik und setzten sich auf sämtlichen Kontinenten fest. 1901 fiel mit Asien die letzte Festung, als im japanischen Kobe ein Golfclub gegründet wurde. Dieser Siegeszug des Golfs hat drei Gründe. Der erste ist technischer Natur: Dank der industriellen Revolution ließen sich endlich haltbare und preiswerte Golfbälle herstellen. Der zweite, der soziologische Grund ist die weltweite Ausbreitung des britischen Empires. Der dritte Grund schließlich ist ein ganz menschlicher: Golf ist einfach zu verstehen.

»Hit it, find it and hit it again« – »Schlag ihn, finde ihn und schlag ihn wieder«. An diesem simplen Beschrieb des Golfspiels hat sich bis heute nichts geändert. Möglicherweise liegt es daran, dass Golf in Schottland Nationalsport ist. Es gibt dort weltweit die meisten Plätze pro Einwohner, und der Mitgliedsbeitrag ist nicht höher als im Turnverein.

Kleinkariert

Am Muster des Schottenrocks können Kenner seine Herkunft ablesen. Denn jeder Clan besitzt ein eigenes Muster.

Die Schotten bestreiten es zwar, doch eigentlich erfand ein Engländer den Schottenrock. Im 18. Jahrhundert regte sich ein englischer Gießereibesitzer über die Unbeweglichkeit seiner schottischen Arbeiter auf. Der Plaid behinderte sie ständig bei der Arbeit. Jener Umhang gehörte schon seit der Römerzeit zum festen Bestandteil ihrer Kleidung. Tagsüber diente er als Umhang, der in einem bestimmten Verfahren um den Körper gewickelt wurde. Nachts fungierten die bis zu fünf Meter langen Plaids als Decken. Nur der Industrialisierung standen sie im Weg. Also ließ der englische Unternehmer die Plaids kürzen, sodass sie den Tatendrang der Arbeiter nicht mehr behinderten. Der Kilt, der Schottenrock, war geboren.

Am Kilt lässt sich die Herkunft des Trägers ablesen, denn jeder Clan besitzt sein eigenes Muster. Heute gibt es interessanter-

weise über 600 verschiedene Formen von Karos – mehr als es je Clans gab. Der Grund dafür liegt an der Renaissance des Tartan. Dieser karierte Stoff wurde 1745 von den Engländern verboten. Als das Verbot 1780 aufgehoben wurde, waren die Tartans jedoch aus den Highlands verschwunden. Erst als der schottische Schriftsteller Sir Walter Scott 1822 den englischen König Georg IV überzeugte, bei einem Besuch in Edinburgh einen Kilt zu tragen, kam Tartan wieder in Mode. Leider waren viele der Muster in Vergessenheit geraten. Einige Clans standen plötzlich ohne Identität da. Was folgte, war eine Flut neuer Karo-Variationen sowie diverser »Raubkopien«. Der Streit unter den Clans war damit programmiert. Erst die Veröffentlichung eines Standardwerkes über Tartans, das »Vestiarum Scoticum«, brachte Klarheit in den Karo-Dschungel. Dennoch ist es nach wie vor äußerst schwierig, die falschen von den echten Mustern zu unterscheiden und festzustellen, welcher Tartan Tradition besitzt und welcher schlicht nur Modeschmuck ist.

Man mag über so viel Akribie schmunzeln, für die Schotten ist das Thema sehr ernst. Denn der Kilt war auch ein soziales Barometer. Mit dem Muster wurde nicht nur die Zugehörigkeit zum Clan festgelegt, was besonders auf den Schlachtfeldern von enormer Bedeutung war. Auch die eigene Stellung im Clan wurde anhand der Karos definiert. Einfachen Mitgliedern war nur eine Farbe erlaubt. Anführer durften ihren Kilt mit drei Farben schmücken, aber nur Mitglieder der königlichen Familie konnten sieben Farben tragen.

Heutzutage wird die Clan-Zugehörigkeit elektronisch geregelt. Per Computer kann man an der Royal Mile in Edinburgh seinen Clan ausfindig machen.

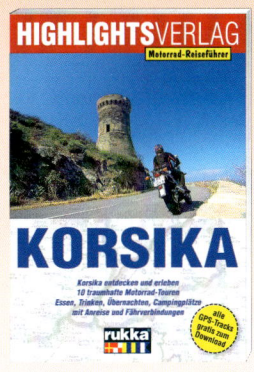
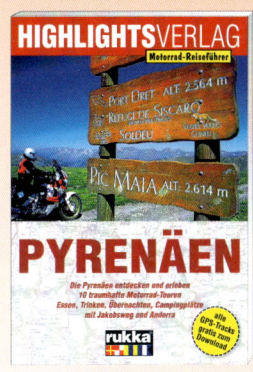

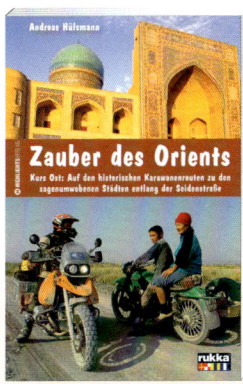
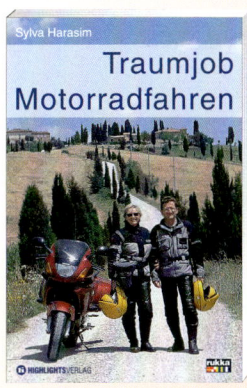

IMPRESSUM

Motorrad-Reiseführer:
SCHOTTLAND

erscheint im Highlights-Verlag
Harasim und Schempp GbR
Talsperrenstr. 112
53881 Euskirchen

info@highlights-verlag.de
www.highlights-verlag.de

6. Auflage 2023

ISBN 978-3-933385-29-1

Fotos:
Titel: Buttermere Water
Rückseite: oben li: an der A 68, oben re:
Grampian Mountains, unten li: Loch
Ness, unten re: Äußere Hebriden
alle Fotos: Andreas Hülsmann,
außer S. 20/21, 22, 23: Susanne Tschir-
ner, S. 92: Archiv Verlag

Herausgeber:
Sylva Harasim und Martin Schempp
in Zusammenarbeit mit RUKKA

Karten: Marco Polo 1:800.000
und Marco Polo 1:300.000
MairsDumont

Texte: Andreas Hülsmann

Gestaltung: Sylva Harasim

Lithographie:
Collibri Prepress GmbH
Königswinter

Druck und Bindung:
Silberdruck OHG
34253 Lohfelden